SOCIALISM

ソーシャリズムの論理

大塚　桂 著
Katsura Otsuka

芝田　秀幹 補訂
Hideki Shibata

泉文堂

はしがき

　マルクス主義は，19世紀から20世紀にかけて世界を席巻したイデオロギーである。マルクス主義が，政治，社会，経済，文化など，あらゆる領域に及ぼした影響ははかりしれない。スポ魂漫画「巨人の星」で，主人公星飛雄馬が進学した青雲高校はブルジョア学校であった。ブルジョアとプロレタリアとの階級（対立）論が，1970年代にあって世間で，それもアニメの世界にあっても通用していた。ソーシャリズムがひとびとに受容されていたことの実例である。また，政界では保守と革新との対立がみられた。戦後まもない時期に，社会党連立内閣がまがりなりとも成立した。革命への期待がひとびとの間に広がりをみせていた面も見逃せない。革命の実現，社会主義体制の樹立に夢を託したひとびとはつきなかった。しかし，1989年の東ヨーロッパ諸国の崩壊をきっかけとして，社会主義の退潮はすさまじい。経済学界におけるマル経，政治学界におけるマルクス主義政治理論は，一挙にその存在基盤を喪失させるにいたった。そして，社会主義系の諸理論の意味それ自体が，疑問視された。かつてのマルクス主義政治学者も研究の第一線から遠退いていった観はいなめない。しかし，その一方で，ポスト・マルクス主義の模索の動きが確実にみられる。はたして，ソーシャリズムは自滅してしまったのであろうか。あるいはまた，その命脈は完全につきたのであろうか。

　近代以降，リベラリズムとデモクラシーの二大思潮によって，政治社会は動いてきた。そのようなことから，前著『デモクラシーの論理』『リベラリズムの論理』（泉文堂，2014年）にあって，思想史的に再検討をおこなってみた。しかしながら，ソーシャリズムを究明しないかぎり，現代は理解できないし，思想状況をも把握できない。そこで，ソーシャリズムを再吟味するにいたった。

　著者は，＜連帯社会型リベラル・デモクラシー＞を提唱しており，ソーシャリズムの立場にあるわけではない。しかし，ホッブハウスはリベラリズムとソーシャリズムとを融合したような理論を打ちたてたいとのぞんでいたし，最

近ではギデンズがソーシャル・デモクラシーはリベラリズムへと接近すべきだと発言したように，両理論はある面で収斂していく傾向をもつのかもしれないと考えている。とくに，＜リベラリズムに内在する平等性希求性（向）＞があることは，確かである。同時に，＜ソーシャリズムに内在する自由希求性（向）＞も厳然としてある。その意味で，両イデオロギーの相互関連性に注目しなければならない。

　本書では，ソーシャリズムの政治思想史的検討にはじまり，その理論構造，問題点，さらには将来への展望を描いてみた。ソーシャリズムの現代的意義の再認識を目標に据えている。＜ソーシャリズムの再帰論＞として読者にむかえられたならば，幸いである。

　泉文堂政治学教科書シリーズの一冊として刊行するにあたり，引き続き編集部佐藤光彦氏の手をわずらわしました。

　2014年12月

大　塚　　　桂

目　　次

はしがき

第1章　ソーシャリズムの課題

1　ソーシャリズムの現代的意義 ……………………………………… 2
2　ソーシャリズムの退潮 ……………………………………………… 3
3　ソーシャル・デモクラシーの成立と展開 ………………………… 4
4　日本におけるソーシャリズム ……………………………………… 5
5　ソーシャリズムとは何であるのか ………………………………… 13

第2章　ソーシャリズムの諸相

1　解放理論としてのソーシャリズム ………………………………… 15
2　経済システム（体制・生産手段）論としてのソーシャリズム …… 16
3　権利宣言・要求運動としてのソーシャリズム …………………… 17
4　革命（闘争）理論としてのソーシャリズム ……………………… 19
5　政治システム論としてのソーシャリズム ………………………… 20
　(1)　マルクス－レーニン主義 ……………………………………… 20
　(2)　国家管理機能 …………………………………………………… 21
　(3)　旧ソビエト・ロシア …………………………………………… 21
6　反ファシズム闘争理論としてのソーシャリズム ………………… 22
7　倫理としてのソーシャリズム ……………………………………… 24
8　方法論としてのソーシャリズム …………………………………… 25
9　状況主義（ポスト・マルクス主義）としてのソーシャリズム …… 26
10　国際政治論としてのソーシャリズム ……………………………… 27

第3章　ソーシャリズムの思想的展開

```
1　初期ソーシャリズム段階 ……………………………………… 32
（1）初期イギリス・ソーシャリズム ……………………………… 32
（2）初期フランス・ソーシャリズム ……………………………… 35
（3）初期ドイツ・ゾチアリスムス ………………………………… 38
2　前期マルクス主義段階 ………………………………………… 42
3　後期マルクス主義段階 ………………………………………… 48
4　ポスト・ソーシャリズム段階 ………………………………… 53
```

第4章　ソーシャリズムの理論構造

```
1　共有制 …………………………………………………………… 57
2　意志決定 ………………………………………………………… 58
3　国家観 …………………………………………………………… 60
4　政治制度 ………………………………………………………… 62
5　経済システム論 ………………………………………………… 65
6　革命路線 ………………………………………………………… 66
7　ソーシャリズムとコミュニズム ……………………………… 68
8　ソーシャリズムとイデオロギー ……………………………… 69
9　帝国主義 ………………………………………………………… 70
10　史的唯物論 ……………………………………………………… 72
```

第5章　ソーシャリズムの問題点

```
A　同時代的批判論 ………………………………………………… 75
B　理論的欠陥 ……………………………………………………… 78
```

目　　次　*3*

　　1　革命の幻想と幻滅 ……………………………………… 78
　　2　階級意識の希薄化 ……………………………………… 79
　　3　社会主義体制の非現実化 ……………………………… 81
　　4　教条主義的イデオロギー ……………………………… 81
　　5　運動と組織活動 ………………………………………… 82
　　6　ソーシャリズムの現実主義的対応 …………………… 82
　　7　革命路線の修正 ………………………………………… 83
　　8　社会主義体制の希望と失望 …………………………… 84

第6章　ソーシャリズムの展望

　　1　社会的弱者救済 ………………………………………… 88
　　2　社会福祉国家 …………………………………………… 88
　　3　福祉社会の成立 ………………………………………… 89
　　4　労働運動 ………………………………………………… 89
　　5　連帯社会型リベラル・デモクラシー ………………… 90
　　6　再生ソーシャリズム …………………………………… 92

補訂者あとがき …………………………………………… 97

《参考文献》 ………………………………………………… 99

第1章　ソーシャリズムの課題

　コミュニズムは崩壊し，ソーシャリズムは疲弊しているといわれる。ソーシャリズムの未来には，暗澹たる雲が垂れ下っているのであろうか。

　20世紀は，ソーシャリズムの時代であった。歴史上，革命が現実となった。1917年のロシア革命である。革命直後，革命に対する知識人たちの称賛の声が相次いだ。革命によってひとびとが解放され，自由が実現されるのだとひとびとは胸躍らせた。イギリスでは，労働党の指導者ラスキ（1893-1950），組合主義者コール（1889-1959），さらに社会労働理論家ウェッブ（1859-1947）らである。しかしながら，ひとりの思想家は冷徹な目で事態の推移をながめていた。誰あろう，ドイツの社会思想家マックス・ヴェーバー（1864-1920）であった。彼は，「ロシア政府は，到底民主主義的といえない」（「ロシア革命と講和」1917年）と鋭い指摘を浴びせている。あたかも，20世紀末にソビエト・ロシアが崩壊することを予見するかのようにである。1989年東欧革命により，東欧諸国は崩壊し，今度は逆に失望の声が渦巻いた。ソーシャリズムは終焉したと。

　マルクス（1818-83）は，そもそもは自由を求めた。端的にいって，ソーシャリズムはリベラリズムから派生したイデオロギーの一種である。リベラリズム政治体制の枠組みを堅持していくのか，変容をめざすのか，はたまたそれを破壊しようというのか。問題の変質は，そのところにあった。イデオロギーの系譜からすれば，リベラル・デモクラシー＝福祉国家路線，社会民主主義国家路線と，コミュニズム＝革命，プロレタリア独裁，人民民主主義国家路線との潮流がみられた。本書では，ソーシャリズムは，人間解放の理論であり，自由獲得への取り組みであるという観点から，議論をすすめていきたい。

1 ソーシャリズムの現代的意義

19世紀，産業革命によって経済の拡張がはじまる。資本主義の展開である。工場制生産システムは，労働者たちによってささえられた。労働者という社会的階級が，政治的にも経済的に社会進出をはじめた。しかし，労働者のおかれた立場は，劣悪であった。牛，馬のごとく使役され，政治的権利は与えられてはいなかった。生物的に存在していたとしても，社会的には無存在のごとくであった。マルクスやエンゲルス（1820-95）は，労働者に対する抑圧，搾取，疎外をみてとった。労働者をいかにして解放するのか。ここに，解放理論としてのソーシャリズムが繰り広げられていく。

労働者が立ち上がり，革命によって資本主義体制を打倒し，資本家階級を排除し，プロレタリアート独裁，社会主義体制の確立という革命路線が打ち出された。かたや，革命は現実的ではない。説得力をもちえない。暴力革命路線ではなく，現実対応型のソーシャリズムを理論的に構築しなければならない，との考え方も導出される。つまり，労働者の生命，身体，自由，財産を保障する手立てが考えられる。社会政策，社会保障，社会福祉である。すなわち，ケインズ主義的福祉国家化路線である。福祉国家化を誘引し，社会改良，社会サービス，混合経済などを嚮導するファクターとしてのソーシャリズムがあった。

マルクス主義政治学にあって暗黙の了解事項となっている労働者階級ではあるが，それはけっして一枚岩の存在ではない。単純に考えてみても，ホワイトカラーとブルーカラー，正規雇用者と非正規雇用者，熟練工と労働工など立場はさまざまである。ミルズ（1916-62）がすっぱぬいたように，労働組合幹部などの一群が登場してきた（『新しい権力者』1948年）。さらに，彼らの階級意識，政治意識，社会意識も多様である。また政治参画の仕方も一様ではない。19世紀段階の労働者の多数をしめていた工場労働者を中心としてマルクス主義政治

理論が形成されたのであって，その点では闘争理論としてはチカラ強さがあった。しかし，産業構造の変化，就労状況の変容などにより，多様化がみられてくる。革命の主体としての労働者（階級）の曖昧さ，非実態さが浮き彫りとなってしまった。

②　ソーシャリズムの退潮

　20世紀の後半から現在にいたるソーシャリズムの退潮の原因とは，どこらあたりにあるのだろうか。社会権，福祉権，労働者たちの解放などの諸要求が実現し，ひとびとに受け入れられたことが原因の一つである。さらに，社会主義体制の維持にあたって，労働者を解放するどころか政治権力によって抑圧する全体主義的，独裁主義的傾向がみられたのがいま二つ目の原因である。いずれも，理想と現実とのアンチノミーである。

<資本主義体制>　民主勢力の生き残り　市場経済の失敗　国家の失敗
<社会主義体制>　社会主義の失敗　社会主義型市場の失敗　国家の失敗

　それぞれの体制で，問題をかかえこんでいた。資本主義体制は，福祉国家路線やネオ・リベラリズム路線によって，したたかに生きぬいてきた。これに対して，社会主義体制は，市場原理を導入しようとこころみたものの，結局は，ソビエト・社会主義は崩壊していった。

③ ソーシャル・デモクラシーの成立と展開

リベラル・デモクラシーと対蹠的なイデオロギーとしてソーシャル・デモクラシーがある。そもそも，ソーシャリズムの実現にあたってはデモクラティックでなければならない。ソーシャリズムはデモクラシーの達成をはからなければならない，などとされ，ソーシャリズムとデモクラシーとは，相互補完的である。マルクス政治学にあっては，以下のような基本的理解がある。

<市民革命> ブルジョアジー（革命主体）デモクラティックな要素（国民主権・基本的人権）デモクラティックなシステム（選挙・議会）
↓
〔ブルジョア革命におけるデモクラティックな要素の利用〕
〔きたるべき革命 プロレタリア革命への布石〕
↓
<労働者革命> プロレタリアート（革命主体）プロレタリア独裁 ソーシャリスティックな要素（解放・国家死滅）デモクラティックな要素の徹底化（民主集中制）

革命はデモクラシーの徹底化であり，社会主義体制にあってプロレタリア・デモクラシーが完成されるのである。

労働者たちの世界的な連帯によって，社会主義革命が達成されなければならない。そのような理念から，コミュンテルンが組織された。

第一インターナショナル（本部ロンドン） 1864年に「国際労働者協会」が結成される。コミュニスト，アナーキスト，サンジカリストらが大同団結していた。バクーニン主義派とマルクス主義派との対立の余波をうけて，1876年に崩壊した。

第二インターナショナル（本部フランス→ドイツ） 1891年に「国際社会主義者協会」として正式に発足した。マルクス主義派と改良主義・修正主義派とから構成されていた。

第三インターナショナル（本部モスクワ） 1919年に成立し，マルクス－レーニン主義論をとり，ソ連共産党が各国の共産党（支部・細胞）を指導していった。1947年には，コミュンフォルムとして発展的に解消した。

コミスコ（本部ロンドン） 1947年に「国際社会主義者会議」として発足した。これは，イギリス労働党主導のもと各国の社会主義政党を結集した組織であった。いわゆる社会主義インターナショナルである。

ソビエト・ロシアの指導に対して，いわゆる西側諸国の共産党の反発がみられた。いわゆる，先進国革命論である。

a　マルクス主義を基軸に据えながらも

b　レーニン（1870-1924）＝スターリン（1879-1953）主義

c　ベルンシュタイン（1850-1932）＝ラッサール（1825-64）主義

d　民主社会主義

e　先進国革命主義

などの思想的諸潮流がみられた。

4　日本におけるソーシャリズム

日本にあって，ソーシャリズムはどのように受容，摂取されてきたのであろうか。

明治期には，加藤弘之（1836-1916）がブルンチュリ（1808-81）『國法汎論』（1872年）を翻訳した際に，ソシアリズム・コミュニズムなどの思想を紹介していた。また，自由民権論の立場にあった中江兆民（1841-1901）はコミュニズムに「共産主義」の訳語をあてた。そもそも，communismは，commune共

6

同体にアクセントを置くイデオロギーである以上，共同体主義と訳すべきであろう。コミュニズムの主張として，生産手段の社会化，共有化があったことから，つまり共同生産という点を重視していたことから訳語があてられたものと思量できる。

大正期には，日本における初めての社会主義政党である社会民主党が組織された。もっとも，即時解散を命じられた。社会主義理論家として，片山潜（1859-1933），中江兆民，堺利彦（1870-1933），大杉栄（1885-1923）らがいた（この時期の社会主義については，拙著『明治国家の基本構造』法律文化社，2002年参照）。

第4回第三インターナショナル世界大会において，日本共産党は支部として承認された。日本共産党は，非合法政党として活動することになった。当初，山川均（1880-1958）と福本和夫（1894-1983）との間で路線闘争がみられた。山川イズムが共産主義者と大衆との共闘を主唱したのに対して，福本イズムは強力な共産党の組織化をはかりもって労働者階級を指導していくべきだとした。やがて，コミュンテルンからの指示にもとづいて，活動がすすめられていった。

『27年テーゼ』では，

　日本共産党は，次の行動綱領を提出し，次のスローガンをかかげなければならない。
(1) 帝国主義戦争の危険に反対する闘争。(2) 中国革命から手を引け！(3) ソ連邦の擁護。(4) 植民地の完全な独立。(5) 議会の解散。(6) 君主制の廃止。(7) 一八歳以上の男女にたいする普通選挙権。(8) 集会・結社・団結等の権利，言論・出版の自由。(9) 八時間労働日。(10)失業保険。(11) 労働者抑圧法の廃止。(12) ミカド，地主，政府および寺社の領地の没収。(13) 累進所得税の実施。

『31年テーゼ』では，

> 　日本の同志たちは，ほかならぬこの天皇制のおかげで国内に最も反動的な警察支配，労働者・農民の最も完全な政治的無権利，勤労大衆にたいする最も野蛮な経済的・政治的抑圧が維持されているのだということを，理解しなければならない。とくに現在，日本帝国主義によって開始された略奪戦争の期間に，天皇制官僚，まず第一に軍部－官僚中で最も反動的侵略的な部分たるもの－の役割がさらにいっそう高まった。日本の同志たちは，日本におけるきたるべき革命の矛先が，なによりもまずブルジョア・地主的，軍事的・警察的天皇制にたいしてむけられるであろうことを，明瞭に認識しなければならない。
> 　日本革命のきたるべき段階の基本的任務はどのようなものか？ (1) 天皇制の打破，(2) 地主的土地所有の一掃，(3) 七時間労働日と労働者階級の状態の徹底的改善との実現，これである。

などの分析と活動方針がしめされていた。コミュンテルンの方針にしたがって，天皇制支配の打破に取り組んでいた。当時における日本の政治状況を的確に分析していたことは，注目に値する。また，この点は，戦前における社会科学の展開と認めてもよい。天皇制ファシズム，封建制，絶対主義，大資本・財閥，寄生地主，軍部，官吏，警察，裁判所などの支配装置などの認識である。治安維持法によって，国体の変革をめざす勢力への弾圧が強化された。

　大東亜戦争後，民主化がすすめられていった。戦後，米ソの対立構造がそのまま国内政治に反映された。たとえば，政党の成立である。日本社会党は，1955年に左右両派の合同によって，日本社会党の結党となった。この動きは，自由民主党の結党を促していく。日本共産党は，幹部たちの釈放や帰国によって，活動を再開し，国会に議席をえた。さらに，イギリス労働党やドイツ社会民主党修正主義派などに思想的な影響をうけた民主社会党が組織されるにいたった。

　反戦平和が社会主義政党への支援とむすびついていった。悔恨共同体である。また，天皇制批判，ファシズム批判，労働運動などを背景にして，革新陣営は奮戦した。社会主義政党の統一戦線，統一綱領の地方政治レベルにおける具体的取り組みとして，革新自治体ムーヴメントがみられたのも注目できよう。

8

　大東亜戦争敗戦後の社会科学の解放も顕著であった。学界は，戦争期の反動もあり，マルクス主義が活況を呈するようになる。マルクス主義政治学の立場としては，

　　a　鈴木安蔵（1904 – 83）は，マルクス主義の立場から，たとえば，福祉国家論を批判的に分析した。

> 　史的唯物論において，階級のカテゴリーは，政治考察において，それ以上の人間関係・抽象的な概念に分解することをゆるさない（例えは対立一般，敵・味方一般など）基本的なものであるとおもうが（ただ生産関係に根源をもとめられるだけである），諸々の政治行動，政治制度，政治イデオロギーは，つねに，主としてこの階級性において検討・判断される。幸福，福祉，善，正義，価値などの諸概念はうけいれられるにとどまる。政治現象が，つねに根本においては階級闘争の表現であるとみる以上，これらの幸福，正義一般など従来の政治学の一部において，政治や国家やの目的ないし機能とみたところのものが，史的唯物論において，問題とされないのは当然である。（『史的唯物論と政治』1953年）

　　b　戸沢鉄彦（1893 – 1980）は，大東亜戦争下にあっては，政治概念論争に際して，政治集団現象説にあったが，戦後はマルクス主義の立場に変じた。戸沢は『国家の将来』（1955年）において，スターリン主義が国家の存在を容認していることに対して，あくまでも死滅するものだとの理論を展開した。

　　c　名古屋大学教授横越英一（1920 – 90）は階級国家について，

> 　国家が階級抑圧の機関であるということは，その国家が同時に共同体に必要な共同事務の遂行という社会的機能をはたすことを否定するものではない。国家は公的権力であるが…機能的には当然ながら継承性（同一性）と断絶性（相違性）の二側面をもたざるをえない。前者は共同体の共同事務の遂行という社会的機能であり，後者は階級抑圧という政治的機能である。（『政治学

体系』1962年）

d　田口富久治（1931 - ）は，マルクス主義の理論的検討，ならびに同政治
学の構成に取り組んだ。彼はフランスの先進的民主主義に関して，

> 　第一に，それが，独占資本の権力にとってかわり社会主義へと道を切り開
> く権力ないし体制の問題として提起されていることである。第二に，先進的
> 民主主義的体制の確立は，独占の権力を後退させ，大ブルジョアジーを孤立
> 化させ，社会主義的民主主義への道をきりひらくことのできるような経済的
> 社会的改革の全体を前提としていることである。…第三に，先進的民主主義は，
> 社会主義への移行－なかんずく平和的・民主的移行の可能性を現実化するた
> めの最良の方法として意味づけられている。（『マルクス主義政治理論の基本
> 問題』1971年）

　田口は，先進国における革命の可能性を探っていった（『先進国革命と多
元的社会主義』1978年）。田口は，共産党書記局長不破哲三（1930 - ）との論
争があった。田口は，民主集中制ではなく，複数政党制，基本的人権の尊
重，議会制デモクラシー，すなわち多元主義的社会主義を主張したので
あった（『多元的社会主義の政治像』1982年）。田口は，共産党と一線を画した。
マルキストからマルキシアンへの転向となった（『解放と自己実現の政治学』
1995年）。

e　島崎譲（1925 - 2011）は，九州大学教授から日本社会党衆議院議員へと
転身した。彼は，

> 　階級闘争を成立させ，政治権力をたえず創造してゆく運動を可能にさせる
> 要素が民族である。民族は，敵対的階級構造をへて政治権力に反射し，…政
> 治権力の創造過程は，同時に，民族の発展過程でありうるわけである。『（政
> 治学概説』1955年）

と叙述していた。

f　憲法学の影山日出弥（1933－1977）は，現代資本主義国家について以下のように論述した。

> 　現代資本主義国家は，生産力の一定の管理・制御の必要からも，直接に政治支配の必要からも，一方では，社会における社会的意識形態の，いわば流通・交換過程自体を，他方では，諸価値観・認識の形成・発展過程を，より直接的に，より大規模に制御せざるをえないのである。このような国家のイデオロギー的支配は，抽象的にいえば，人間の個体的生存に必要である精神的諸力の発展を，この個体から占奪する機能をはたす。それだけに，矛盾は，いっそう深刻となるから，現代資本主義国家のイデオロギー的支配の結果は，自分自身にたいする対立を，政治的支配全体の存続に反対する方向で拡大する。
> （『国家イデオロギー論』1973年）

　ところで，日本社会党内にあって社会主義協会は，マルクス－レーニン主義に頑ななまでに忠実であった。日本社会党右派がプロレタリア独裁に反対していたり，日本共産党がプロレタリア独裁の語を綱領から排除したりする点をするどく批判した。
　民主（主義）的社会主義の立場にある研究者の所論をながめてみよう。

a　東京都立大学教授関嘉彦（1912－2006）は民主社会党の綱領の起草者であり，のちに民社党参議院議員となった。関は，

> 　社会主義者の中には，かつてスターリン時代のロシアをもっとも民主主義的な社会であると擁護していた人も可なりいます。現在の反民主主義的動向には反対しつつも，社会主義政党が政権をとったらスターリン的独裁をしようと考えている人は，自他を欺いているものといわねばなりません。われわれは社会主義を主張しなければなりませんが，その社会主義が，同時に日本の大問題である民主主義という政治や文化の問題についても，経済問題に対すると同じ原理に立って，明白な解答を与えうるような思想体系のものでなければなりません。…日本の共産主義者の中に…正しい社会主義を考えてい

第1章　ソーシャリズムの課題　**11**

> てももしその心情に合致しない理論によって武装していたのでは，ファシズムとの闘いに敗れるか，あるいは外見上勝利を得ても，その勝利のとたんに，社会主義に裏切られることになるのではいか，と惜しむのであります。
>
> 　ソ連のような専制的な社会主義が社会主義の本流と考えている人が少なくないので，それと区別し，その社会主義の目的が広義の民主主義的制度が生活原理であることを明らかにする意味で，民主主義的社会主義という名称を用いようと思います。その場合の民主主義というのがたんなる政治機構の制度的勝利という狭い意味のみに限られないことは勿論です。階級的差別のない，人間が真に同胞として愛しあえる生活様式としての民主主義です。(『新しい社会主義』1958年)

b　慶應義塾大学教授中村菊男 (1919−77) は，

> 　民主社会主義は個人人格の自由と平等を社会的に実現するための行動大系であり，合理主義的ヒューマニズム的立場を堅持し，反共産主義，反資本主義，反ファシズム闘争を展開する。(『民主社会主義の理論』1952年)

c　御茶の水女子大学学長蝋山政道 (1895−1980) は，マルクス−レーニン主義について，

> 　マルクスの経験というのは主としてフランスの経験であつて，それへの観察と結論とを普遍化することが正しいかどうかは，レーニン自身も自ら問うているように，確かに問題である。しかも，それに対するレーニン自身の答えが，彼の帝国主義論をもつてする間接的なものに過ぎない。
>
> 　民主主義を大衆の政治的支配の形態と解し，そして権利の保障という責任政府の意味における議会主義とを全然無視している最も極端な事例が，マルクス・レーニン主義である。
>
> 　共産主義者の唱える民主主義は，その奇妙独特の国家論の下で規定する民主主義であつて，真正の民主主義ではない。(『共産党宣言批判』1949年)

と分析していた。

d　京都大学猪木正道（1914－2012）は，民主主義的社会主義の反省として，

> 社会保障と福祉国家とに満足して，既得権の擁護で精一杯となり，社会主義への前進をわすれてはしないかという危険性がある。…民主的社会主義によって既得権が大きくなるにしたがって，ある意味で保守的と化する危険性が存在することは否定できない。（『民主的社会主義』1960年）

と指摘していた。猪木は，民社党の退潮を予見していたかのようであった。

e　早稲田大学内田繁隆（1891－？）は，

> 民主的社会主義は，共産主義のような極端な暴力革命の理論と実践を主張しないと同時に修正資本主義の保守性を排する。その社会主義社会の構想は，唯物論的必然論によらず，合理的な社会倫理に基づく社会理論として展開されている。それは，社会連帯・正義・自由・平等等を基盤とした民主的共同体の社会理論である。どこ迄も民主主義の政治を通してその社会主義の実現を期待する。（『社会主義政治学』1950年）

　戦後の政治学界にあっては，ソーシャリズムに関して，おおきくはマルクス・レーニン主義の系統と民主的社会主義の系統とにわかれていた。政界にあっても，マルクス主義の解釈と実現方法をめぐって，日本社会党社会主義協会vs日本共産党間で論争がみられた。さらに，革命路線や福祉国家をめぐっての日本共産党vs民社党間で熾烈な批判がみられた。また，民社党はイデオロギー対立によって，日本社会党から分党し現実路線をとった。

第1章　ソーシャリズムの課題　**13**

⑤　ソーシャリズムとは何であるのか

　19世紀に産声をあげ，20世紀にロシア革命により一人立ちしたソーシャリズムであった。

> ＜19世紀型ソーシャリズム＞　産業化　労働者の社会進出　労働者の尊厳　革命論　都市型政治理論としてのソーシャリズム　農村共同体的ソーシャリズムからの変容
> ＜20世紀型ソーシャリズム＞　社会主義体制の出現　資本主義経済対社会主義経済　世界政治　イデオロギー対決
> ＜21世紀型ソーシャリズム＞　？

　21世紀にも命脈を保つことができるのであろうか。今後，ソーシャリズムはどこにすすもうとしているのか。社会主義の自己再生の道はあるのか。ソーシャリズムの可能性を探っていくことができるのか。

　本書では，思想史的，理論的構造を検討をしていく。最後に，今後のソーシャリズムを展望してみることとしたい。いわば，ソーシャリズムの再定式化への一試論である。

第2章　ソーシャリズムの諸相

　政治思想研究者のバーキーは社会主義の基本的プリンシプルとして，社会主義における平等主義，キリスト教主義，合理主義，リバータリアニズムをあげた（『社会主義』1985年）。本書では，現代におけるソーシャリズムの諸形態として，以下のように分類，整理しておきたい。

1　解放理論としてのソーシャリズム

　政治理論に都市型理論とムラ型理論があるとすれば，マルクス主義は前者となる。産業化，資本主義の発展にともなう労働者階級の解放と救済をいかにすべきかが課題とされた。前近代社会（封建社会）の支柱であった農民をいかにして救済し，労働者階級と共同して革命を実現していくのかとの究明が求められた。そのようなことから，マルクス，レーニン，カウツキー（1854-1938）らは農民問題について取り上げた。

　初期ソーシャリズムにあっては，解放理論として封建制度，大土地所有制度からの農民階級の解放が取り上げられた。さらに，産業化が進展していくなかで資本主義の弊害つまり搾取，抑圧，疎外が生じた。このような事態から労働者階級の解放が希求された。マルクス主義にあっては，人間全体の普遍的利益の存在を想定し，人間解放とはプロレタリア独裁による社会主義体制の確立を志向した。ところで，私的所有は悪弊の根源である。私的所有の排除によりひ

16

とびとは協力的となる。そのようなことから，マルクス主義にあっては，生産手段の共有化が重視された。自由の実現に関しては，自由とは，(a)自己決定，(b)人間解放が基軸となる。

　父権制度・家父長制度からの婦人の解放も取り組まれた。封建制あるいは家父長制の下にあって，婦人の社会的地位は低かった。婦人の人格の尊重，社会ならびに生産活動の担い手としての婦人像を探究すべく，マルクス，レーニン，スターリン，ベーベル（1840－1913）らは，婦人解放論を展開した。

　さらに，あたらしい社会の建設者としての青年のチカラと可能性を探究すべく，レーニン，カウツキー，ラッサールらは，学生論，青年論を積極的に繰り広げた。

② 経済システム（体制・生産手段）論としての ソーシャリズム

　都市化・産業化は，経済構造の変化（農村型から都市型へ）をもたらした。比較資本主義論のホブソンの帝国主義論と比較してみると，資本主義分析に特色が認められる。産業資本主義－金融資本主義－帝国主義－独占資本主義段階（トラスト・カルテル・植民地主義・資本の輸出・戦争への発展など）の矛盾を的確に把握しているといえよう。ヒルファディング（1877－1941）の金融資本主義論，カウツキーの新帝国主義も注目される。

　社会主義・共産主義段階になると，生産手段の社会化共有化，計画経済，経済の管理化，所得の再分配が達成されるとの見通しをたてている。しかし，計画経済は市場や競争，利潤追求，物質的豊かさ，生活の充足度，ひとびとのマインドなどを理論上度外視していたのが，欠点であった。

　ローザ・ルクセンブルク（1870－1919）は資本の拡大再生産の条件に関して，

> (1) 資本化されるべき剰余価値は，最初から資本の現物姿態で（追加的生産手段および労働者用の追加的生産手段として）あらわれる。(2) 資本制的生産の拡大は，もっぱら自己の（資本制的に生産された）生産手段をもっておこなわれる。(3) そのときどきの生産拡大（蓄積）の規模は，最初から，そのときどきの（資本化されるべき）剰余価値の大きさによってあたえられている。(4) 資本制的生産そのものが，その剰余生産物の排他的購買者であるから，資本蓄積に対してはなんらの制限もみいだせない。

と分析した。彼女は，だれのために，なんのために生産が拡大していくのかわからない。無駄に循環していく（『資本蓄積論』1913年），と考察してもいた。

③　権利宣言・要求運動としてのソーシャリズム

　労働者階級の権利獲得運動の一環として，マニュフェストがまとめられた。『共産党宣言』（1848年）では，

> 1　土地所有権の収奪，および地代を国家の経費に充てること。
> 2　高度の累進所得税。
> 3　相続税の廃止。
> 4　すべての亡命者および反逆者の財産の没収。
> 5　国家資本をもって完全に独占的な国立銀行を設け，信用機関を国家の手に集中すること。
> 6　交通および運輸機関をすべて国家の手に集中すること。
> 7　国有工場，国有生産道具の増大，共同的計画による土地の開墾および改良。
> 8　すべてのひとにたいし平等の労働義務を課すること，産業軍を編成すること。
> 9　農業と工業との経営を結合すること。都市と農村との対立を次第になくすように努めること。

> 10　すべての児童の公共無料教育。現在の形態における児童の工場労働の廃止。生産活動と教育との結合，等々。

などが盛りこまれた。

　社会権については，マルクスが，『共産主義原理』（1847年）において，

> 8　すべての子供を，母親の養育なしでやってゆけるようになったときから，国家の施設で，国家の費用で教育すること。
> 9　国民の共同団体のための共同住宅として，国有地に大住宅を作る。
> 10　そまつにつくられた不健康な住宅を…破壊すること。
> 11　私生児に嫡出子…と平等な相続権をあたえる。

と主張していた。ドイツ社会民主党の『ゴータ綱領』（1875年）では，

> 　国家の基礎としての要求。1　…20才以上のすべての国民にたいする，秘密の，義務的な投票による普通・平等・直接の選挙権および投票権…，2　あらゆる例外法，すなわち言論・結社・集会取締法の撤廃，自由な意見表明，自由な思考と研究を制限するあらゆる法律の撤廃。5　国家による普通・平等の国民教育。

> 　社会の内部における要求。1　政治的権利をできるかぎり拡張すること。2　間接税にかえての累進所得税。3　無制限の団結権。4　社会的必要に応じた標準労働日。日曜労働の禁止。5　児童労働，および健康上，道徳上有害なすべての婦人労働の禁止。6　労働者の生命と健康を守る保護立法。7　監獄労働の規制。8　すべての労働者扶助金庫および共済金庫の完全な自主管理。

などの事項が要望された。

　『エルフルト綱領』（1891年）については，最近になって，福祉国家の淵源と

第2章　ソーシャリズムの諸相　**19**

して評価する動きがみられている。

> 生産手段－土地，鉱山，原材料，道具，機械，交通手段－の資本主義的な私有を社会的所有に転化し，商品生産を社会主義的な遺産，すなわち社会のために社会によって営まれる生産に変革すること，ただこうすることによってのみ，これまで搾取されてきた階級にとって，大経営と増大しつづける社会的労働の収益とが窮乏と搾取の源泉から至高の福祉と全面的な調和のとれた完成との源泉に転化することがおこりうる。

との見解が示されている。端的にいえば，社会主義社会にあって，よりよい福祉が達成するとの見方がとられているわけである。

4　革命（闘争）理論としてのソーシャリズム

　マルクス－エンゲルス理論にあっては，＜プロレタリア独裁→ブルジョア階級の排除＞を求めた。レーニン主義では，チカラによる革命＝暴力革命が肯定された。

　右派－修正主義として，平和革命，議会（主義）による革命，同意による革命を意図するカウツキー，ラッサール，ベルンシュタインがいる。イギリスでは，ラスキ，コールらがいた。いうまでもなく，第二次大戦後は，福祉国家，先進国革命などへと理論的に展開していく。

　左派－修正主義として，ソレル（1847-1922）がいる。ソレルは，

> 権力は少数者によって支配されるある社会秩序の組織をおしつけることを目的とするものであり，他方暴力はこの秩序の破壊をめざすものである。ブルジョアジーは近世の初頭以来権力を使ってきた。他方プロレタリアートはいまや彼らがブル

> ジョアジーと国家に対して暴力によって反撃しつつある。
>
> 　暴力的罷業の実践によって生まれた総罷業の観念は，不可変の転覆概念を包含する。そこには恐怖すべきなにものかがある。重大な恐るべき崇高な仕事を企図することによって，社会主義者たちはわれわれの軽佻浮薄な社会を超越し新しい世界を指し示す。（『暴力論』1908年）

と叙述した。暴力による革命路線を堅持すべきとの立場であった。

⑤　政治システム論としてのソーシャリズム

　ブルジョア的政治システムの排除を目標とし，国家，官僚制度，議会制度，軍隊制度などは唾棄すべきものと主張するマルクス－レーニン主義ではあった。しかしながら，ブルジョア国家を廃止するためにはプロレタリア国家を道具として使用すべきであるとの理屈付けから，プロレタリア的政治システムの確立が企図された。

　ソーシャリズムの政治体制として，人民共和国，人民民主主義共和国，連邦共和国の諸形態がとられた。

(1)　マルクス－レーニン主義

　新民主主義などの政治的イデオロギーにもとづいて，憲法が制定される。新指導者，新指導部により，憲法が制（改）定される傾向がある。たとえば，旧ソ連では，レーニン体制のもとにおける1918年憲法，24年憲法，スターリン体制のもとにおける36年憲法（＝社会主義建設の完了），ブレジネフ（1906-82）体制のもとでの77年憲法（＝共産主義社会実現へ向けての段階）である。

(2) 国家管理機能

　国家機関の集権的，統一的，統合的性質が認められる。全体主義的傾向が認められる。

　国家と党との関係については，前衛党である共産党がブルジョア社会の遺物である国家を指導しなければならない。したがって，共産党首席・書記長などが最高の政治指導者として位置付けられる。政治的意志決定については，評議会方式，民主集中制度によった。

　"国家社会"主義には，(1)ナチズムにみられる独裁，指導者原理，民族，労働者の糾合，コーポラティズムと，(2)ラッサールの機能的国家論に対してのプルードン（1809 – 65），ブランキ（1805 – 81）らアナーキストによる批判論としての"国家"社会主義とがあることに注意しよう。

(3) 旧ソビエト・ロシア

a　一国社会主義　ヨーロッパにおいて革命がおこらない。ソ連のみが革命を経験し，社会主義実現に向けて前進していく。社会主義とナショナリズムとの融合という特殊現象がみられてくる。共産党は唯一の政党であり，支配政党である。政治体制における中核である。共産党は，国家，社会を指導する。共産党政治局が実質的権力を掌握する。共産党大会は5年ごとに開催，中央委員会がその間実権を行使していく。中央委員会の幹部たる書記長，政治局員，書記などによって構成される。

b　旧東欧諸国は，人民民主主義体制を標榜した。これは，反帝国主義，反封建主義，反独占主義の政治的スタンスをとり，統一戦線を組み，民主主義の実現をめざした。そのうえで，プロレタリア独裁の達成，社会主義体制への移行をめざすのであった。

c　社会国家・福祉国家　イギリス，ドイツにあっては，社会主義政党が政

権を担い，社会保障，社会福祉政策を採用していった。

d　先進国革命論・ユーロコミュニズム　イタリアやスペインなどの共産党
は，第三インターナショナル，モスクワ・クレムリンの革命論とは別に先
進国における革命路線＝社会主義の民主的実現を模索していく。

e　第三国・発展途上国における体制　民族・地域における独立を志向する。
ナショナリズムや政治指導者の世襲制・家父長制などのきわめて特殊な政
治システムが認められる。

⑥　反ファシズム闘争理論としてのソーシャリズム

　レーニン－スターリン主義にしたがえば，帝国主義は，必然的に戦争や侵略
を惹起すると把握されていた。しかしながら，第二次世界大戦中に，ドイツ・
ナチズムの進攻にあった諸国では反ファシズムの動向があらわれてくる。

　ディミトロフ（1882−1949）は「ファシズムの攻勢とファシズムに反対して
労働者階級の統一をめぐる闘争における共産主義インターナショナルの任務」
（1935年）にあって，

　権力を握ったファシズムは，金融資本のもっとも反動的，もっとも排外主義的，
もっとも帝国主義的な分子の公然たるテロ独裁である。ファシズムのもっとも反動
的な一種は，ドイツ型のファシズムである。…それは，たんなるブルジョア民族主
義ではない。それは，野獣的な排外主義である。それは，政治的ギャング行為の統
治体制であり，労働者階級と農民，小ブルジョアジーおよびインテリゲンツィア中
の革命的分子に対する挑発と拷問の体制である。それは中世的野蛮と野獣性である。
それは他の諸民族と他の諸国に対する野放図な侵略である。ドイツ・ファシズムは，
国際的反革命の急先鋒として，帝国主義戦争の第一の火付け役，全世界勤労者の偉
大な祖国ソヴィエト連邦に対する十字軍の元凶としてふるまっている。

> ファシズムは，勤労大衆に対する資本の残忍きわまる攻勢である！　ファシズム
> は，むちゃくちゃな排外主義と侵略である！　ファシズムは，気違いじみた反動と
> 反革命である！　ファシズムは，労働者階級と全勤労者のもっとも凶悪な敵であ
> る！

と論究し，反ファシズム人民戦線をくまなければならないとした。

　毛沢東（1895 – 1976）は，「中国革命と中国共産党」（1939年）にあって，

> 　現在，日本帝国主義がその全力をあげて中国に大規模な進攻をしているとはいえ，
> 中国の多くの地主と大ブルジョア分子，たとえば公然たる汪精衛やかくれている汪
> 精衛のやからは，すでに敵に投降したか，あるいは敵に投降しよう準備していると
> はいえ，英雄的な中国人民は，かならずなお奮戦をつづけるであろう。日本帝国主
> 義を中国から追い出し，中国を完全に解放させるまで，この奮戦はけっしてやめな
> いであろう。
> 　中国の今日の民族革命の任務は，主として国土に侵入した日本帝国主義とたたか
> うことであり，そして民主革命の任務もまた戦争の勝利をたたかいとるために完成
> しなければならないものであって，2つの革命の任務はすでに1つにむすびついて
> いる。

と考察していた。

　反植民地主義，反帝国主義，反米主義が徹底化されていたのである。

　スウィジー（1910 – 2004）は，

> 　ファシズムは，資本家の二つの大敵，すなわち，彼に自身の国の労働者と諸外国
> の資本家とに対抗する潜在的に重要な盟友として扱われるようになる。なぜなら，
> 労働者と外国人に対してファシズムが心底からの憎悪を抱いているからだ。ファシ
> ズムとの連合とによって資本家階級は，強力な国家を再建し，労働者階級を屈伏さ
> せ，さらに競争相手である帝国主義列強の犠牲においてその不可欠な生活圏を拡大
> しようとする。資本家がファシズム運動を支援するために財政上の補助をあたえる。
> またファシズムの暴力的，非合法的手段に関して，資本家の支配手段である国家官

> 僚が寛容である理由はここにある。(『資本主義発展の理論』1942年)

と分析していた。

7 倫理としてのソーシャリズム

　思想家フォルレンダー (1860–1928) は，倫理レベルの議論として，a 労働者としての階級意識をもつこと。b 労働者は連帯する，世界的な人民と連帯すること。c 労働者は，相互扶助すること。d 社会的に共有化を推進していくこと。e 労働者階級は革命をおこし，社会主義社会の建設に積極的に取り組むこと，などを挙示した。

　キリスト教ソーシャリズムの系譜にあっては，隣人愛ならびに慈善が最重視されていた。マルクスは，そもそもは宗教を否定していた。そこで，ヒューマニズム論としてのソーシャリズムが主張される。人間的社会にあって，社会主義ヒューマニズムが実現されなければならない。具体的には，連帯，協同主義，ユートピア社会主義，友愛などの主張である。アナーキズム，就中プルードンの相互扶助論などにもうかがえる。

　マルクスの整理としては，

　＜資本主義段階＞
　　　　ブルジョア階級　所有　自由　独立
　　　　プロレタリア階級　無産　非自由　非独立
　＜共産主義段階＞
　　　　プロレタリア階級　共有　自由　独立
　　　　ブルジョア階級は消滅・不存在

第2章　ソーシャリズムの諸相　**25**

となる。

カウツキーは，

> 　社会民主主義にあっては，私有財産を信仰するのではなく，その分配を求めるの
> ではなく，ただその社会化が求められるのである。そしてその求めんとする平等は，
> 社会的労働の産物に対して，各人が平等の権利を有しようとする。社会民主主義が
> 要求する社会的自由とは，労働から解放されるのではなく，労働力のある者を多数
> 結合することによって，労働を社会的に調整し，消費，芸術，享楽などのために自
> 由に活動しえることをいう。（『倫理と唯物史観』1906年）

と論じている。

⑧　方法論としてのソーシャリズム

　ソーシャリズムにあっては，方法論的集団主義の認識論の立場となる。人間
全体の利益，プロレタリア階級という存在，上部＝下部構造，史的唯物論，歴
史的進歩（社会発展段階説＝理性的な状態の実現へと歴史は歩んでいく）などの把握
の仕方である。

　プレハーノフ（1856 - 1918）は，

> 　社会全体に関係する結果，すなわち同じひとびとの相互関係の総体に影響をおよ
> ぼす結果がかならずでてくるものである。このようにしてわれわれは自由の領域か
> ら必然性の領域へと移行する。
> 　いっさいの必然的な過程は，合法則的過程である。
> 　社会環境の発展は，それ自身の法則にしたがう。社会環境の特質は，…人間の意
> 志や意識にあまり依存しない。人間の生産力が増大すればするほど，隷属状態はま

26

> すます堅固になる。生産者は自分自身の生産物の奴隷となる（たとえば生産の資本主義的無政府性）。
>
> 　生産関係，社会関係は，人間の経済的必然性によって奴隷化される原因を，自己の発展の固有な論理によって，人間に意識されるのである。
>
> 　生産者（社会的人間）が自分自身の生産物によって自分が奴隷化される原因が，生産の無政府性にあることを意識したのちに，この生産を組織化し，そうすることによって生産を自分の意志にしたがわせる。そうなれば必然性の王国はおわりをつげ，自由が支配しはじめ，自由自身も必然性となる。人類史の序曲がかなでられ，歴史がはじまるのである。（『史的一元論』1894年）

と論じていた。いわゆる史的唯物論である。

　結局のところ，a 社会なり共同体なりを所与のものとして認識すること。b 経済的基盤から，法，政治，道徳，文化が派生していくこと。c ひとびとの意識が，宗教，信仰，聖性を創造すること。d 社会は，＜封建制社会→資本主義社会−｛革命｝→社会主義社会＞へと発展していくこと，などの諸点を認識論としてもっていた。

⑨　状況主義（ポスト・マルクス主義）としてのソーシャリズム

　マルクス主義は思想として体系的，哲学的，（単純）論理的である。しかし思想そのものが教条的であり，硬直的となる傾向をもっていた。だが，実際の政治は生きものであり，時代状況，歴史的段階に応じてソーシャリズムもまたあらたに変容していくのであった。

　現実と理論との乖離をどのように克服していくのか。レーニン主義は，決して高度な資本主義段階に達していないロシアでの革命と社会主義社会への実現をめざした。レーニン主義である。

スターリンは革命の烽火がヨーロッパにひろがらないなかで，資本主義国からの圧力を跳ね返し，独自にソ連の社会主義建設に取り組むことを目的に定めた。スターリン主義である。

先進国では，チカラによる革命は不可能であり，独自に民主主義の深化をとおしての社会主義社会建設を目標とした。ユーロコミュニズムである。具体的に，先進国革命，議会制デモクラシー，多党制・資本主義システム分析，私的所有の吟味などがこころみられた。

⑩　国際政治論としてのソーシャリズム

スターリンによって，ソビエト・ロシアの一国社会主義が高揚されたこともあったが，マルクス主義は世界的な展望を有している。

『共産主義インターナショナル第一回大会ために』（1919年）文書にあって，

---

(1) 現在の時期は，資本主義世界体制全体の解体と崩壊の時期である。

(2) 今日プロレタリアートの任務は，ただちに国家権力を奪取することである。そして国家権力を奪取するとは。ブルジョアジーの国家機構を破壊し，新しくプロレタリアート的権力機構を組織することである。

(3) この新しい権力機構は，労働者階級の執権をあらわすものでなければならない。

(4) プロレタリアートの執権は，資本をただちに収奪し，生産手段の私的所有を廃止するとともにこれを全人民的所有に転化する…。

(5) 社会主義革命の安全を保障し，これを国の内外の敵から防衛し，他国のたたかうプロレタリアートの諸部隊を援助する等々のためにブルジョアジーとその手先を完全に武装解除し，プロレタリアートの全員を武装させることが必要である。

(6) 今日の世界情勢は，革命的プロレタリアートのさまざまな部隊のあいだに最大限の接触をつくりだし，社会主義革命がすでに勝利をおさめた国々相互間に完全なブロックを結成することを要求している。

(7)　基本的な闘争方法は，武器を手にしての，資本の国家権力との公然たる衝突を
　　含むプロレタリアートの大衆行動である。

と叙述してある。すなわち，反帝国主義，反植民地主義，反資本主義国家体制
の方針が貫かれている。マルクス主義は，全世界のプロレタリア階級の団結と
連帯の理論なのである。

　第二次大戦後の冷戦構造にあって，対自由主義・対資本主義体制が徹底化さ
れていった。

　『ソビエト社会主義共和国連邦基本法』（1923年採択）では，

　　ソビエト共和国が設立されてから，世界の国家は資本主義と社会主義の２つの陣
　営にわかれた。
　　向こう側の資本主義の陣営には，民族的な反目と不平等，植民地的奴隷制度と
　ショービイニズム民族的抑制と，ポグロム，帝国主義的残虐と戦争がある。
　　こちらの社会主義の陣営には，相互信頼と平和，民族的な自由と平等，諸民族の
　平和的共同生活と兄弟のような協力がある。
　　資本主義の世界は，諸民族の自由な発展と人間による人間の搾取の制度を両立さ
　せることにより，民族問題を解決しようと数十年にわたり試みてきたが，この試み
　は成果をあげなかった。それどころか，民族間の矛盾のもつれは，ますますひどく
　なり，資本主義の存在そのものをおびやかしている。ブルジョアジーは諸民族の協
　力をととのえる力をもたないことがわかった。
　　ただ，ソビエトの陣営においてのみ，つまり自分のまわりに住民の大部分を結集
　させたプロレタリアート独裁という条件のもとで，はじめて民族的抑制を拒絶し，
　相互信頼の状況をつくり，植民地の兄弟のような協力の基礎をさずけることが，可
　能となった。

と示された。同様にして，『ドイツ民主共和国憲法』（1970年の前文）にあっては，

第2章　ソーシャリズムの諸相　**29**

> 　帝国主義がアメリカ合衆国の指導のもとに，西ドイツ独占資本の諸グループと結
> 託して，西ドイツを帝国主義の基地，社会主義に対する闘争の基地に築きあげよう
> とする民族の生死にかかわる利益に反した目的のためにドイツを分断したという歴
> 史的事実を顧慮しつつ，ドイツ民主共和国の人民は，社会機構の反ファシズム的・
> 民主的変革および社会主義的変革の過程で到達した諸成果に固く基礎を置きつつ，
> …。

との基本的理解が示されていた。

第3章　ソーシャリズムの思想的展開

　共同体の重視，共有化，相互扶助などをソーシャリズムの要諦と考えた際に，思想史的には，古代ギリシャにおけるプラトンの原始共産制度（国家論）や中世におけるキリスト教での慈善，救済の教義，さらには，近代におけるユートピア思想（トスス・モア，ティエリィー）などが源流とみてもさしつかえあるまい。そして，より政治的に具体的なプログラムとして『フランス人権宣言』（1789年）における自由・平等・博愛の理念が燦然として輝き続けているところである。本章にあっては，ソーシャリズムの思想史的検討を19世紀初頭の段階からはじめてみたい。

　1830年代にイギリス・オーエン派にあって，ソーシャリズムが提唱された。インディビジュアリズムの対抗イデオロギーとしてのソーシャリズムである。イギリスの伝統的なリベラリズム，所有権的個人主義に対して協同組合主義的／改良主義的集団主義とでも位置付けられようか。さらに，同時期には，フランスのサン・シモン（1760-1825），フーリエ（1772-1837）によっても独自の主張がみられた。ひとびとにおける貧困，社会的抑圧，解放をめざすのであった。

　1830年7月革命，1848年2月革命にあっては，ソーシャリズムとは別にコミュニズムが提唱されてくる。私有財産の否定，生産手段の社会化，労働者の解放，などを志向していた。ソーシャリズムの成立と展開を理解するにあたって，その思想史的整理をしておこう。

　たとえば，マルクス－エンゲルスは『共産党宣言』（1848年）で，反動的社会主義（封建・小ブルジョア・真正），保守的・ブルジョア社会主義，空想的社会主義を批判し，共産主義は政治的現状に反抗し革命運動をすすめていく立場を鮮

明とした。彼らは，科学的社会主義に立脚し，革命をなしとげ，プロレタリア独裁をうちたて，社会主義体制を樹立するビジョンを提起したのである。

1　初期ソーシャリズム段階

(1)　初期イギリス・ソーシャリズム

イギリスにあっては，産業化の進行とともに労働者たちの困窮が必然的に生じてきた。社会問題の解決および労働者たちの救済にどのように取り組むのであったろうか。

オーエン（1771-1858）は，新しい社会を構想した。彼は，「教育と生活条件と平等が，新しい社会の基礎となる。」とし，

> 1　全社会のために富を生産するための諸計画。
> 2　公正に，かつ社会にとってもっとも有益な仕方で富を分配するための諸計画。
> 3　生まれてから死ぬまで一生を通じて，きわめてすぐれた人格を形成し，これをすべての男女に確保するための諸計画。
> 4　世界中で諸計画を統合し，全体を統治するための諸計画。（『新道徳世界あるいはミレニアム』1835年）

などを構想していた。オーエンにしたがえば，

> 政治の目的は，治者，被治者ともに幸福にすることである。それゆえに，最高の政治は，治者とともに服従するひとびとを含めて，最大の多数に最大幸福を実際に生み出す政治である。

第3章　ソーシャリズムの思想的展開　**33**

> 政府義務は，個人と社会に利益をあたえる。(『新社会観』1813－6年)

と論じていた。この時代，功利主義とともに最大多数の最大幸福が福祉原理として位置付けられていたことに注目しておきたい。

　ブレイ (1809－97) は，

> 1　すべての人間はその肉体構造，誕生および生命維持の点で互いに同じである。
> 2　人間の生命はそれ相応の衣食住が与えられなければ維持できず，しかもこれらは労働なしでは得ることができない以上，すべての人間が労働すべきである。
> 3　万人の権利も平等でなければならない。
> 4　自己保存がすべての労働の目的であり，平等な労働を行なう人々にはすべて受け取る報酬も同じく平等であるべきだ。(『労働に対する不正と労働の救済策』1839年)

と叙述しており，平等を強調していた。

　オコナー (1794－1855) によれば，

> 　土地は人民の相続財産であり，人民からこれを盗んだ国王，君主，貴族，華族，僧侶，平民がそれを保有するのは，なんらかの人間の権利または神聖な権利に基づくものではなく，民衆の無知という権利証によるものである。自然権は諸君のものである。(『土地計画』1842年)

と論究しており，所有権的個人主義ではなく共有制度を重視していた。

　オブライエン (1805－64) にあっては，

> 　私は自由と平等を支持する。すべての人に，社会のすべての利益を手に入れる平等な機会を与え，各人が自己の勤勉と知能の生産物を彼自身で享受すべきである。この平等へとむかう第一歩こそ，すべての階級に等しく選挙権を拡大することである。普通選挙権，国の法律と制度を形成することにすべての人々が平等に参加することである。（『平等のためのバブーフの陰謀史注解』1836年）

と平等を重点的に考察していた。

　チャーティズム運動との関係で，『人民憲章』（1837年）をおさえておかねばならないであろう。

> 前文
> 　人類の深慮と知恵とによって可能なかぎり，人民の正当な政府を確保するためには，法律制定の権限を持つ人々が，制定された法律に従うことを義務とする人々に対し，健全かつ厳正な責任をとるようにすることが必要である，さらに直接全人民に起源を持ち，かつ全人民に直属する組織によって，この責任がもっともよくはたされるため

に，

> 普通選挙権，財産資格制限撤廃，一年制議会，平等代表，議員有給制，秘密選挙

を提言していた。

　労働者階級の政治的権利の獲得が重視された。労働者階級の社会進出につれて，彼らの意向を尊重すべきである。社会立法の時代的要請がでてくる。「最大多数者」の意志を尊重する。最大多数者の快適さを追求することに意義をみいだしていく。

第3章　ソーシャリズムの思想的展開　**35**

(2)　初期フランス・ソーシャリズム

　フランス実証主義者サン・シモンは,

　　人類は, その性質上, 社会をなして生活するように運命づけられた。人類は, 支
　配体制のもとで生活するように運命づけられた。人類は, 実証科学と産業が十分に
　発展したのちに, 支配的あるいは軍事的体制から管理あるいは産業的体制に移行す
　る運命にあった。
　　産業体制は享受しうる最大の平安を社会に保証することによって, 人類に最大の
　全体的かつ個人的自由を手に入れることのできる唯一の体制である。
　　産業体制は, 完全に平等の原則に立脚している。
　　暴力的手段は, 覆したり, 破壊したりするためには役立つが, そのようなことの
　ためにしか役立たない。平和的手段だけが, 築き上げたり, 建設したりするために,
　つまり堅固な体制を樹立するために用いられる唯一の手段である。(『産業者の教理
　問答』1823・4年)

とし, 生産者階級である産業者が指導し, 社会を組織化していく構想をもった。
　バザール (1791-1832) にしたがえば,

　　人類の最終的な目的は, すべての人間が地上のいたるところにおいて, あらゆる
　次元の人間関係において協同することである。
　　普遍的協同なるものは平和的方向における人間的諸力の結合としてのみ理解でき
　る。
　　人間はたえず共感の領域を拡げていくであろう。なぜなら人間の進歩の過程は無
　限だからである。社会的に結合した各人がその働きに応じて, 人間全体の改善に対
　する貢献に応じて, 愛され, 評価され, 報酬をうける。(『サン・シモン学説解義』
　1820年)

と考察している。カトリックによって実現された協同状態 (家族→都市→国家)

36

にある。そこから，いかに進歩していくのか。いずれにせよ，協同，共感，改良が社会の組織にあたり重要さを増していくのである。

神学者ラムネー（1782-1854）は，オーエン主義，サン・シモン主義，フーリエ主義の特長を整理している。

オーエン主義は，神を否定し，また神とともに一挙にあらゆる義務，あらゆる可能な道徳律を否定する。

サン・シモン主義は，神を認め，創造を否定する。創造とは，単純な理想的な実存にすぎないのである。そしてその結果として権利と義務を否定する。権利は実際に何の役にもたたず，一つの妄想，一つの幻想にすぎない。義務もいかなる意味ももちえない。

フーリエ主義は，権利を人間のあらゆる性向と同一視して，人間の性向はすべて同じ資格において正当であるとし，義務を否定する。

権利は自由な行為をそれに一致させる責務の基調である。権利は全体にかかる義務を含む。

共同の行動をおこすために，ひとびとが協調し結合する必要がある。

プロレタリア階級の廃止

プロレタリアは奴隷と同じである。

政府や共通の事業の管理への参加（『人民の過去と未来について』1841年）

以上である。

コンシデラン（1809-93）は，社会を社会的民主主義の方向へ進める（『ルイ・ブランの社会主義』1848年）とソーシャリズムを明確化している。

アナーキスト・プルードンは，

社会秩序において，相互性は，社会的現実の原理であり，正義の公式である。それは愛そのものの条件である。（『信用と流通の組織化』1848年）

とのべて，相互（性）原理を提起していた。

ルイ・ブラン（1881-82）にあっては，

第3章　ソーシャリズムの思想的展開　　**37**

> 　社会革命が試みられるべきである。1　現在の社会体制は，長続きするにはあまりにも多くの不正と貧困と破廉恥で満たされている。2　新しい社会体制の開始によって利益をうけない人はだれもいない。3　革命は，必要不可欠であり，平和的に遂行していくことができる。新しい世界には，友愛の原理を完全に実現する。（『労働を組織する方法について』1840年）

とし，革命と友愛がソーシャリズムの構成要素と位置付けた。

　当時の『フラテルニテ誌』上，

> 　協同組合は社会的統一を分裂させ，有害で破壊的な二元性を導入する。協同組合は，分裂，利己主義，個人的利益および不平等を実現する。共産制は，統一，友愛，連帯および平等を実現する。（1841年）

とし共産主義を高揚していた。

　運動家であるとともに弁護士でもあったカベ（1788-1856）は，非暴力的な革命を主張していた。『ポピュレール誌』に共鳴する記事が掲載されて，カベは，

> 　無知と貧困を倒せ，人間による人間の搾取，独占，敵対関係を倒せ，強制された独身状態を倒せ，働くすべての者に与えられる教育と安楽万歳，結婚ともっともうまく組織された家庭万歳，自由，平等，友愛万歳，祖国と人民主権万歳，政治と社会の改革万歳，共有制万歳。これが真の共産主義の原理である。（1843年）

と率直に共産主義についてふれていた。

(3) 初期ドイツ・ゾチアリスムス

フェネダイ (1805-71) は,

> 国家は,労働によって平等を確立するという原則をその根本原則の一つとして,その本質として基礎付け,国法の基礎として明記しなければならない。国家は働こうとする者や働いている者すべてに十分な生計を保証しなければならない。(『プロパガンダ』)

と国家の役割に期待をよせていた。

ヴァイトリング (1808-71) にあっては,神と自然の教えを重んずる。すなわち,

> 1　自然とキリストの愛の掟が社会のために作られるすべての掟の基礎である。
> 2　全人類を結合して一つの大家族とする。
> 3　労働を万人に平等に配分し,生活財を平等に享受させる。
> 4　自然法則に基づき,両性に平等な教育ならびに平等な権利と義務を与える。
> 5　相続権ならびに個人の財産権の一切を廃止する。
> 6　普通選挙によって指導管理にあたる役所を設ける。

と言及していた。彼は,

> 汝自身を愛するごとくに汝の隣人を愛せよ。

との原理を重要視している。その上で,彼は,

> 　個人の意志は全体の意志に従う。民族の意志は神の意志に従属する。こうして一つの意志が世界を動かす。こうして人間は共同体の中の人間に生まれ変わり，共同体が万人の母となる。万人の幸福はもともと人間の本質であるすべての諸力，素質および本能がむつまじい関係のなかで調和的に努力し，発達し，自然なかたちでみたされることができるという点にあり，こうして地上は楽園になる。以上が共産主義の欲するところである。
> 　共産主義とは，純化された人間であって，理性や兄弟愛を通して人間を高め，彼に品位を持たせようとする。その品位というのは神が人間に付与したものであり，人間をして神の似姿たらしめようとするものである。…すべての正しい理性的な人間は，自分と一緒にいるすべての他人を人間たらしめるように努めることである。
> 　（『義人同盟綱領』1838年）

と考察した。

　マール（1819-1904）は，

> 　個人は社会のなかにあってこそ価値がある。社会のなかでこそ個人の力量は発揮され，個人の精神的・物質的能力は認められる。社会のなかにあってこそ，人間ははじめて真の人間になる。
> 　個々の人間が善良であり，自由であればあるほど，社会もまたよりよい，より自由なものとなる。今日の社会にあっては，人間が真の自由に到達することはありえない。この二つの命題から出てくる帰結は，古い社会は崩壊せねばならない。（『社会問題』1845年）

と社会の存在を積極的に首肯していた。

　ヘス（1812-75）も同様にして，

> 　人間の生命力，つまり創造力や行動力の秘密は，社会のなかに求められる。人間存在は，社会的存在としてのみ真かつ現実的に生気を持つ。（『ドイツにおける社会主義運動』1846年）

40

と語っている。

ドイツにおける義人同盟運動は，

> 社会主義は，社会の制度，人間と人間との関係を問題とする。しかし，新たな組織を作るわけではない。その主たる活動は，古くなった建物の修理つまり時代を経て生じた裂目を塞いで見えないようにする，あるいはフーリエ主義者がそうであるが資本という土台の上にあたらしい建物をたてるということである。
>
> 共産主義とは，地球を全人類の共有財産とし，各人がその能力に応じて働く，つまり生産して，その力相応に享受する，つまり消費するという制度である。したがって共産主義者は，古い社会組織全体を破壊し，それにかえてまったくあたらしい組織を作る。（『義人同盟中央委員会の呼びかけ』1846年）

と宣言するのであった。

ヘスにあっては理論的に整理されており，

> プロレタリア革命は，労働者階級が等しく抑圧されているということと，労働者階級が支配階級，つまりブルジョアジーを打倒するために必要な手段を前提としている。
>
> プロレタリア革命によって，私有産業と私的所有の大部分はすぐさま廃止される。人民が所有するにいたった諸資本は，共同管理されなければならない。

と論じる。そして，革命後には，

> 資本家に対する累進課税，相続権の廃止，地主のいなくなった土地の押収，あるいは，1　働きたいと思うものがだれでも参加できる工業，農業の設立，2　青少年の教育機関の創設，3　病人や労働不能者の扶助，人民によって樹立された政府（『プロレタリア革命の帰結』1847年）

などのビジョンを明示した。

ゾチアリスムスの立場からする国家批判として，ルーゲ（1802–80）の議論があった。彼にしたがえば，ヘーゲル理論は，

> 国家にすべての諸制度（国民代表制，陪審制，出版の自由）が必要である。
> 国家体制，つまり特定の国家を永遠の形態と捉えるのは不可能である。特定の国家は精神がそこで歴史的に自分を現実化する，精神の実存にほかならない。（『ヘーゲル法哲学と現代政治』1842年）

となる。

最後に，グリューン（1813–87）は，

> 現代の課題は，政治の社会主義への転化，解消である。社会主義は，自由な人間にふさわしい社会形態である。（『フォイエルバッハと社会主義者』1845年）

と社会主義にふれていた。

マルクス・エンゲルス主義の観点からは，空想的社会主義（オーエン，フーリエ，サン・シモン）は否定され，非難されるべき言説であった。エンゲルスは『空想より科学へ』（1883年）にあって，空想的社会主義に対置させて，自己の思想的立場を科学的社会主義と位置付けた。つまり，唯物史観，階級闘争，革命などの可能性を探り，資本主義社会の公式の代表である国家を分析し，最終的に国家の廃止なり国家の死滅への道筋をたてた。エンゲルスは，

> 社会主義は，歴史的に成立した2階級，すなわちプロレタリアートとブルジョアジーとの闘争の必然的な産物である。
> 社会主義は歴史的必然である。

> 科学的社会主義はドイツ的なものである。(『空想から科学へ』)

していた。

②　前期マルクス主義段階

マルクスは国家，資本主義などを，どのように分析したのであろうか。彼は，初期の作品にあって，国家について分析している。

> イ　国家は大衆の隷属状態を維持する。(『フランスにおける内乱』1852年)
> ロ　人間は自己疎外としての私的所有の積極的な止揚としての共産主義。人間による，人間にとっての，人間的な本質の現実的な獲得としての共産主義。それゆえに完全な意識的となった，そしてこれまでの発展の富全体の内部で生成したところの，人間の一個の社会的な，すなわち人間的な人間としての人間の，自己にとっての帰還としての共産主義。この共産主義は完成された自然主義として＝ヒューマニズムであり，完成されたヒューマニズムとして＝自然主義である。それは，人間と自然との間の，また人間と人間との間の抗争の真実の解決であり，現存在と本質との，対象化と自己確認との，自由と必然との，個と類との間の抗争の真の解決である。
> 　　歴史の運動は，共産主義を現実的に産出する行為である。上部構造と下部構造について，「宗教，家族，国家，法，道徳，科学，芸術等々は生産の特殊な諸様式にすぎないのであって，生産の一般的な法則に従う。」
> 　　私的所有の止揚は，疎外の積極的な止揚である。(『経済学・哲学草稿』1844年)

盟友エンゲルスの見解はどうであろうか。

第3章　ソーシャリズムの思想的展開　**43**

> イ　国家はもっとも有力な経済的に支配する階級の国家である。
>
> 　　支配階級は自分を全社会と同一視する。（『家族・私有財産・国家の起源』1884年）
>
> ロ　資本主義的生産様式は，人口の大多数をますますプロレタリアに変えていき，…社会化された生産手段の国有化への転化をせまる。プロレタリアートは国家権力を掌握し，生産手段をまず国有に移す。しかし，それとともに，プロレタリアートはプロレタリアートとともに国家としての国家をも止揚する。階級対立の形で運動してきたこれまでの社会には，国家が必要であった。すなわち，搾取階級の外的生産条件を維持するための，現存の生産様式によって定められる抑圧の諸条件（奴隷制，農奴制ないし隷農制，賃労働）のなかに，被搾取階級を暴力的におさえつけておくための，そのときどきの搾取階級の組織が必要であった。国家は全社会の公式の代表者，それは目で見える一つの団体の形に総括したものである。しかし，国家がそういうものであったのは，国家がそれぞれの時代にそれ自身で全社会を代表していた階級の国家であった。
>
> 　　人の支配にかわって物の管理と生産過程の指導とが現われる。国家は廃止されるのではなしに，それは徐々に死んでいくのである。
>
> 　　プロレタリアートは公権力を掌握し，この権力によって，ブルジョアジーの社会的生産手段を公的な所有に変える。（『反デューリング論』1877－8年）
>
> ハ　プロレタリアートは公共的権力を掌握し，社会的生産手段を公共所有物に転化させる。プロレタリアートは，これまで生産手段がもっていた資本という性質から生産手段を解放し，生産手段の社会的性質に自己を貫徹すべき完全な自由を与える。かくして，今やあらかじめ立てた計画にしたがった社会的生産が可能となる。社会的生産の無政府状態が消滅するにつれて国家の政治権力も衰える。
>
> 　　プロレタリアートの歴史的使命（『空想より科学へ』）

　マルクス・エンゲルス主義の正統な継承者としてのレーニンの発言も整理しておこう。

> 　国家については，
>
> イ　ブルジョア国家は死滅するのではなく，革命の過程でプロレタリアートによって廃絶されるのである

ブルジョア国家からプロレタリア国家への転換は暴力革命抜きでは不可能である。

　　プロレタリア独裁については，

ロ　ブルジョアジーを打倒するためには，プロレタリアートが支配階級に転化しなければならない。その際，この新支配階級は，ブルジョアジーの必死の抵抗を制圧する力や，新たな経済体制のために勤労・被搾取大衆をことごとく組織化する力を備えていなければならない。プロレタリアートは国家権力，中央集権的な権力組織，暴力組織を必要とする。それは搾取者の抵抗を抑圧するためであり，社会主義経済の創出という事業において圧倒的多数の住民，すなわち農民・プチブル・非プロレタリアートを指導するためである。

　　民主集中制については，

ハ　民主主義的中央集権主義，自発的な中央集権主義は可能である。

　　共産主義社会については，

ニ　共産主義社会になると，資本家の抵抗はもはや完全に粉砕され，資本家は消滅し，階級もなくなる。こうなって初めて国家が姿を消し，自由について語ることができる。完全な民主制が可能となり，実現される。

　　資本主義型の奴隷制や，資本主義型搾取がない非道・蛮行・横暴・悪徳から解放されて，人々は，社会的ルールを遵守することに慣れる。しかも，暴力や強制に縛られなくても，服従を強いられなくても，また国家と呼ばれる強制のための特殊装置に縛られなくても，そうしたルールを遵守することに慣れるのである。

　　共産主義社会の第一段階＝社会主義（『国家と革命』1917年『国家論ノート』）

　以上となる。レーニンの後をうけたロシアの政治指導者スターリンは，社会主義の性格について

イ　一国内でブルジョアジーの権力をただし，プロレタリアートの権力を樹立するということは，まだ社会主義の完全な勝利を保障することを意味しない。…少なくとも，数か国で革命が勝利することが必要である。だから勝利した国の革命は，自分を自足的なものと見てはならず，他の国々でプロレタリアートが勝利するのをはやめるための援助として，手段として見なければならない。

　　国家については，

第3章 ソーシャリズムの思想的展開 **45**

ロ　プロレタリア革命の道具としてのプロレタリア独裁，ブルジョアジーに対する
　プロレタリアートの支配としてのプロレタリア独裁，プロレタリアートの独裁の
　国家形態としてのソビエト権力。
　　プロレタリア独裁は，ブルジョアジーを倒したのちに，ブルジョア的秩序を破
　壊する過程で，プロレタリアートの暴力革命の過程でうまれるものである。
　　プロレタリア国家は，ブルジョアジーを抑圧するための機関である。
　　プロレタリアートの独裁は，搾取する少数者にたいする搾取される多数者の独
　裁である。
　　プロレタリアートのあたらしい組織形態は，ソヴェトである。
　ソヴェトは，
　　唯一の大衆組織である。
　　もっとも強力な機関である。
　　もっとも民主主義的な，権威のある組織である。
　　ソヴェト権力は，地方ソヴェトを一つの共同の国家組織へ，圧迫され，搾取さ
　れる大衆の前衛で，支配階級であるプロレタリアートの国家組織へ統合し，編成
　したもの―すなわちソヴェト共和国へ統合したものである。
　党については，
ハ　労働者階級の前衛部隊。党は，労働者階級の指導者である。（『レーニン主義の
　基礎』1924年）

　以上の根本的なスタンスをとっていたのである。

　スターリンについては，『フルシチョフ秘密報告』（1956年）における「ス
ターリン批判」を参照のこと。

　ハンガリーの理論的指導者ディミトロフは，

　　勤労大衆をファシズムとの闘争に動員するうえでとくに重要な任務は，プロレタ
　リア統一戦線をもとにして広範な反ファシズム人民戦線をつくりだすことである。
　プロレタリアートの全闘争の成功が，工業的に発達した国でも人民の大多数を占め
　ている勤労農民および都市小ブルジョアジーの基本的大衆とプロレタリアートとの
　闘争同盟を結成することに密接にむすびついている。（『反ファシズム統一戦線』
　1935年）

との考え方である。

毛沢東にあっては，

> 中国革命の歴史的進展過程は二段階にわけられなければならない。その第一段は民主主義の革命であり，第二段は社会主義の革命である。
>
> いくつかの革命的階級による連合独裁の共和国。それは，植民地・半植民地における革命がとる過渡的な国家形態である。つまり，帝国主義に反対するいくつかの階級が連合して共同独裁する新民主主義の国家である。今日の中国では，このような新民主主義の国家形態が抗日統一戦線の形態をとっている。それは抗日的であり，反帝国主義的であり，いくつかの階級が連合する統一戦線的なものである。(『新民主主義論』1939－40年)

と発言していた。

　マルクス－エンゲルス主義の理論的継承・発展については，路線対立があった。たとえば，ロシアにあってはトロツキー（1879－1940）があげられよう。ドイツにあっては，修正主義（者）がある。著者は，revisionalismに"再構想主義"との訳語をあててみたい。暴力革命・社会主義社会・ブルジョア独裁ではなく，資本主義体制を前提としたうえで，社会の改革・改良の構想を具体化していく立場である。再構想主義の見解を整理しておきたい。

　カウツキーは国家の経済的意義を強調した。

> 国家の職務は毎日毎日増加しつつある。銀行政策，植民政策，鉄道政策，労働者保護，貧民救済の社会政策等である。(『エルフルト綱領解説』1892年)

と。

第3章　ソーシャリズムの思想的展開　**47**

ベルンシュタインによれば，

　民主主義とは，手段であると同時に目的でもある。それは，社会主義を勝ちとるための手段である。

　民主主義とは，階級の事実的止揚ではないとしても，原理的には階級支配の止揚である。

　社会民主党は，労働者をプロレタリアの社会的地位から市民のそれへと引き上げ，そうすることによって市民層あるいは市民的存在を一般化する。社会民主党は，市民社会にかえてプロレタリア社会を据えようとするのではなくして，資本主義社会秩序にかえて社会主義社会秩序を据えようとする。

　合憲的立法は革命よりも強力になる。積極的な社会政策，合憲的立法の利点が大きい。

　革命期には感情が知性を統御する。感情は，欠陥が多い。

　立法は計画的な権力として作用し，革命は始原的な暴力として作用する。

　暴力革命を呼号することは，無内容な空辞となる。

　マルクスとエンゲルスが，労働者階級は知的，政治的，産業的見地では，大きな進歩をとげてきたとしたが，それでもなお私は，この階級が今日にあって政治的に単独支配を引き受けるにたるだけの発展を遂げているとは考えない。(『社会主義の諸前提と社会民主主義の任務』1921年)

ラッサールは，

　労働者階級は，みずからを独立した政党として組織し，普通，平等，直接選挙権をこの政党の基本的な標語と旗印としなければならない。立法機関の中に労働者階級の代表を出すこと−このことのみが，政治的見地において，労働者階級の正当な利益を確保することができるのである。このために一切の合法的手段を尽くして，平和的に合法的に扇動することこそ労働者政党の綱領である。

　国家は人類文化のために奉仕しなければならない。これこそ，国家の天賦である。運河，道路，郵便，定期船，電信，土地抵当銀行，農地改良工事，商工業部門の創始などすべて国家の干渉がおこらざるをえない。(『公開質問状』1863年)

と。

　ちなみに，フランスのソレルも再構想主義である。力による体制への攻撃を主張していたが，資本主義体制を前提として，労働者が国家あるいは資本家たちに抵抗する。ゼネラルストライキあるいはサボタージュなどの手段による。体制の変革をかならずしも意図していない。資本家階級・支配階級への徹底交戦を意図していたと考えてよい。

③　後期マルクス主義段階

　マルクス主義は，20世紀後半にあっても理論的にたえられうるのか。今後とも，マルクス主義は現代的な思潮でありつづけられるのか。この課題に現代のコミュニタリアンたちは取り組むのであった。

　アルチュセール（1918-90）は，

> 　マルクス主義国家理論は真の意味では存在しない。……マルクスとレーニンのうちに見いだされるものは，なによりも，もともとブルジョア国家から脱却しなければならないという警告，つまり，国家を階級関係および階級支配と関係づける形で繰り返し発せられた警告である。したがって，本質的に否定的な，境界設定と定義である。
> 　レーニンは，国家とは特殊な装置，特殊な機械というが，特殊がなにを意味するのかを明らかにすることはできないでいる。またグラムシが立てた等式（国家＝強制＋ヘゲモニー，国家＝独裁＋ヘゲモニー，国家＝力＋ヘゲモニー）は，ひとつの国家理論よりは，労働者階級による国家権力の獲得のための政治路線の探求を表している。レーニンもグラムシも，古典的な否定的定義を乗り越えようとしていたが，真の意味で目的を達成することはできなかった。
> 　マルクス主義のうちに，階級闘争の諸問題，まずもって政党と組合に関する真の理論を見いだすことはできない。…人民の大衆的運動が党や組合の外で，つぎつぎに誕生し，かけがえのないなにかを闘争にもたらしている，あるいはもたらす可能

第3章　ソーシャリズムの思想的展開　**49**

> 性があるが，人民大衆の要求と期待に真に意味でどう応えるのか。国家，組合，政党，大衆運動と大衆のイニシアティヴをめぐる問題に関しては，われわれ自身の力に頼らざるをえない。(『共産党のなかでこれ以上続いてはならないこと』1978年)

などと論じ，マルクス主義に特有な国家論は展開していない点を強調していた。

プーランツァス (1936-) は，

> 公務員，判事，警察官の集団総体は，国家装置の本来の構成員に対する支配的イデオロギーの言説，すなわち，公務，総利害，国民的統一性の維持などがあって，はじめてそれらの集団が被支配的階級に対して有している役割をもちうる。(『資本と国家』1980年)
>
> 国家の技術的－経済的機能，イデオロギー的機能，そして政治的機能があるのではない。国家にその地位のゆえに割り当てられる凝集という全体的機能があるのであり，特殊政治的な様式によって重層的に決定されるこの機能の諸様式があるのである。
>
> 階級関係とは，全水準において権力関係であると主張したとしても，そのことは，社会階級が権力関係の上に基礎付けられるとか，そこから派生しうるとかということではけっしてないのである。領域として社会的諸関係を有する権力関係は，階級的関係であり，階級関係は，社会階級という概念が実践に対する構造の作用を示し，権力概念が闘争状態にある階級の実践の関係に対する構造の作用を示すかぎりで，権力関係なのである。(『資本主義国家の構造』1968年)

と叙述した。国家現象を，権力関係，階級関係に還元して理解している点で特徴的となっている。

イギリスの政治学者ミリバンド (1924-94) は，

> かれら〔マルクス－エンゲルス－レーニン〕が，できあいの国家の粉砕と，かれらがプロレタリアート独裁と考えるものとのあいだに確立した結合は，幻想的なものである。できあいの国家の粉砕のあとにくるものは，別な本来の国家の出現であって，それは資本主義社会から社会主義社会への移行過程の領域において，本来

50

> の国家が絶対に必要不可欠であるという簡単な理由からなのである。
>
> 　この移行過程は，既存の国家の構造，機能様式，構成人物の根本的改変，また同じく，結局二重権力に等しいことになる人民参加機関の組織網の創出を同時に含み，かつ必要としている。改良主義戦略は，少なくとも以上の強力な変種においては，保守勢力を規制するに十分効果的な指導と民主主義の結合を創出し，そして移行過程をおしすすめるための諸条件を提供することができよう。（『マルクス主義政治学入門』1977年）

と論述しており，真の国家が出現することに期待をし，そのことにより革命の成果をあげていく可能性を信じた。

　カーノイ（1938-）に目を点じてみると，

> 　民主主義的社会主義とは，代議制民主主義を社会主義的民主主義の基礎のひとつとして堅持することである。
>
> 　国家はもはやたんに抑圧機関ではなく，ブルジョアジーのイデオロギー的および抑圧的装置でもない。それはブルジョアジーによって支配されるか，もっぱら支配階級のものであるわけではない。国家は階級闘争の産物であり，階級闘争の一部として根本的に改変されうる。（『国家と政治理論』1984年）

などの発言が注目される。

　ジェソップ（1946-）にあっては，資本主義体制を前提としている。福祉国家の存在を肯定している。階級的性格を脱した定義付けがなされる。

　福祉国家の変化について，

> 　(1)　アトランティック・フォーディズムの基本的危機傾向のなかで，労働過程と蓄積レジームおよび調整方式が再編されていること。(2)　ケインズ主義的福祉型国民国家に財政・金融の引き締めが起こるとともに，この国家と結びついていた包括的政党システムの，またその基盤であった制度的妥協の危機が起こり，新しい社会

第3章 ソーシャリズムの思想的展開　**51**

勢力の台頭を呼んだこと。(3)　新自由主義がコーポラティズムにかわって登場することで，自由主義が再生・復活するとともに，国家主義が経済的ガヴァナンスの様式と国家の企図として浮上したこと。(4)　新しい経済・社会問題が浮上し，新しい社会運動も台頭し，新しい対処方式を求めていること。(『資本主義国家の未来』2002年)

を指摘している。さらに，国家の定義に関しては，

　国家装置の中枢は，諸制度や諸組織からなる弁別的総体から構成されており，その社会的に是認された機能は，社会の構成員の共通利益ないし一般意志という名において，この構成員に対して，集合的に拘束的な決定を設定し，これを強制することに求められる。(『国家理論』1990年)

と触れている。

　ドイツ・フランクフルト学派のハーバーマス (1929 -) は，

　最も発展した資本主義国家は，その中核的領域において階級闘争を潜在化させるのに成功した。そして，景気循環の周期を引き伸ばし，資本の価値低下を周期的にずらして，緩慢な景気変動をともなった長期的インフレという危機へと変え，最後に抑制された経済危機の副次的結果としての機能障害を広範な領域で濾過し，この機能障害を疑似集団 (消費者，生徒，学校の父兄，交通機関利用者，患者，老人など) や組織率の低い底辺集団に転嫁することに成功したのである。そのことによって諸階級の社会的アイデンティティーは消滅し，階級意識は解体された。晩期資本主義の構造のなかに取り込まれた階級間の妥協によって，すべての人々が受益者であると同時に被害者でもあるということになった。財産と権力の不平等な分配はあきらかであり，ますます著しくなってくる。この不平等な状態では，だれが受益者でだれが被害者かははっきり区別することはできるはずである。
　晩期資本主義社会は，国家が市場機構の増大する欠陥の埋め合わせをしなければならないことに由来するふたつの問題に直面している。国家は正統な権力を行使するシステムとみなすことができる。そのアウトプットは，行政の決定が主権にもと

> づいてなされるかどうかにかかっている。そのためには，国家はできるだけ一般的
> な大衆の忠誠心をインプットする必要がある。アウトプットの方向性もインプット
> の方向性もともに，危機に繋がる障害をもたらすことがある。アウトプットの危機
> は，正統化の危機という形態をとる。というのも，経済システムから引き継いだ制
> 御の要請を，行政システムはうまく実現することができないからである。そこから
> 生活領域の分裂が起こってくる。インプットの危機は正統化の危機という形態をと
> る。というのも，正統化のシステムには，大衆の忠誠心を必要な水準でうまく維持
> することができないからである。（『史的唯物論の再構成』1976年）

と論究していた。

　オッフェ（1940−）は，

> 　国家によって規制された資本主義にあっては，もはや階級間の全体的対立が社会
> 変化の中心的ダイナミズムではないのだ。その中心はますます不平等の水平的図式，
> 生活領域の不平等性へと移っていくのである。
>
> 　福祉国家は，強制的な社会保障の諸制度から報酬を移転し，必要や偶然といった
> 限定された事例に対してきわめて多種多様の組織的サービスを決定する，こうした
> 市民の要請に応える一連の法的な権利付与と定義される。したがって福祉国家が介
> 入する手段は，官僚制的規制や法的規制などである。イデオロギー的，政治的，経
> 済的な階級相互の妥協から生ずる性格は，福祉国家がケインズ主義的な経済政策的
> 決定の論理と共有するものである。福祉国家の第一義的機能は賃労働者とその家族
> が資本制社会で曝される危険や不安定から保護することだが，資本家階級に実際に
> 役立つなんらかの間接的な効果もある。
>
> 　ケインズ主義的福祉国家は発達した資本制社会のいくつかの社会経済的な，政治
> 的問題を管理し制御するのに優秀で卓越した効果をもつ装置である。（『後期資本制
> 社会システム』1987年）

と資本主義，福祉国家を通して階級国家の本質をえぐりだしていた。

4 ポスト・ソーシャリズム段階

　1970年代にユーロ・コミュニズムが風靡した。フランス共産党，同社会党，イタリア共産党，ドイツ社会民主党は，先進国における革命問題，政権参加，現実対応型路線へとシフトしていった。近年にあっては，「第三の道」論としてギデンズ（1938-）が着目された。ギデンズは，

古典的社会民主主義（旧左派）
　　社会生活や経済生活への広範な国家の関与
　　市民社会よりも国家の優位
　　集産主義
　　ケインズ主義的需要管理と協同組合主義
　　限定的な市場・混合経済・社会的経済
　　完全雇用
　　強固な平等主義
　　福祉国家
　　単線的な近代化
　　環境保全への無関心
　　国際主義
　　二極対立の世界

などと，従来のソーシャル・デモクラシーの特長をつまびらかにした。そのうえで，『第三の道のプログラム』を提言した。

> ラジカルな中道
> 　　新しい民主主義国家
> 　　アクティブな市民社会
> 　　民主的家族
> 　　新しい混合経済
> 　　包含としての平等
> 　　ポジティブ・ウェルフェア
> 　　社会投資国家
> 　　コスモポリタン国家
> 　　コスモポリタン民主主義（『第三の道』1998年）

　ギデンズは，

> 　われわれは機会の平等という帰結を隠そうとするのではなく，受け入れなければ
> ならない。社会民主主義が倫理的に自由主義により近い立場に位置付けられるとい
> うことを，社会民主主義者は喜んで認めるべきである。（『第三の道とその批判』
> 1999年）

と結論づけた。

　トゥレーヌ（1925-）は，社会主義の三つの原理，すなわち(1)労働者階級の
闘争に占める中心的役割，(2)闘争と国家介入との連関，(3)進歩の信仰，が危機
的状況に陥ったと認識している。また，社会主義政党について，

> 　党は社会主義のアルファでありオメガであった。党において歴史の運動と国家の
> 介入および労働者の闘争が一体化し，党そのものが諸種の観念に対する裁判官，力
> の所有者，経済の主人になるまでに至っていた。社会主義が退廃した理由の一つは
> 諸種の権力の統合に対する拒否があった。

と指摘した。また，社会主義のイデオロギー的問題については，

第3章　ソーシャリズムの思想的展開　**55**

> 　社会主義的伝統のうちに二つの観念が混在している。一方で労働者階級は資本家階級という支配者と闘い，他方では社会主義諸党は，労働者，生産諸力，そして国民を解放するために，国家権力の奪取を準備している。この二つの方向は長い間混在していた。反改良主義であるが非共産主義であるところの社会主義は，みずからこの両方向を結合する作用因だとしてきた。構造改革を通じてこの結合を実現しようと考えてきた。だが歴史的経験は，これとは逆に，それに二つの道がますます相互に分裂してゆく，ということを証明している。いわば，年代ものとなった革命の準備と，制度的改革の道を通じた社会変革とのいずれかを選択すべき時が来たのだ。
> （『ポスト社会主義』1980年）

と総括していた。
　なお，国家論（階級国家論・国家死滅論），階級闘争，革命，プロレタリア独裁など理論と現実との関わりについては，後述してみたい。

第4章　ソーシャリズムの理論構造

　ソーシャリズムの理論構造とは，いかなるものであるのか。ソーシャリズムの構成要素とはいかなるものであるのか。ソーシャリズムの支柱となってきた原理とは，なんであろうか。簡略に整理しておこう。著者は，以下の1－10のエレメンツから，ソーシャリズムは構成されているし，構成されてきたと整理したい。

1　共　有　制

　キリスト教義にあって，

> 　信じた者は全員一丸となっており，いっさいのものを共有し，土地や持ち物を売っては，誰かが不足したときにはいつもそれを皆に分配した。(『使徒行伝』2・44)
> 　信じた者の集団は，心と魂が一つであった。そして，誰一人その持ち物を自分の物とは言わず，彼らにとっては一切の物が共有であった。(同上4・32)

との教えがある。共有制度は，ヒューマニズムの原点である。プラトンの原始共産制度，カウツキーが指摘したような中世の修道院等が想起される。ソーシャリズムにあっても，弱者たるプロレタリアート間における団結，連帯を根

底にすえた共有制度が重視された。具体的には，生産手段や社会資本の共有化理論である。

<17－19世紀型市民社会モデル>
  "所有権"   共同体から個人所有（デュルケーム，1858－1917）
              私有財産（エンゲルス）
              財産権（プルードン）
<20世紀型社会主義社会モデル>
  "共有制度"   生産手段の共有化
              生産物の共有化
              計画経済
              経済の共有化

　要約すれば，ソーシャリズム理論における共有とは，所有権的個人主義の否定と，共同体的集散主義の志向と整理できるかもしれない。

② 意 志 決 定

　ピューリタニズム的なマジョリティー・ルール（拙著『デモクラシーの論理』参照）ではなく，多数専横でもなく，群衆心理でもなくソーシャリズムにあっては，どうやって，政治的意志を確定していくのか。ソーシャリズムにおいては，評議会制，プロレタリアート執権などが直接的に議論された。具体的には，民主集中制である。前衛党における指導部と細胞組織との関係づけである。
　民主主義的中央集権制の特長としては，
　　ア　上から下までの党のすべての指導機関に対する選挙の適用の原則。
　　イ　それぞれの党組織に対する党機関の定期的報告義務制。
　　ウ　厳格な党規律と少数者の多数者への服従。

エ　上級機関の決定の下級機関ならびに党員に対する絶対的拘束制
　　（ウォーラー『民主主義的中央集権制』1981年）などが指摘できる。制度論
　　的には，ソビエト憲法に規定されている。

　　第3条　ソビエト国家の組織と活動は，民主主義的中央集権制の原則，すなわち，
下から上までのすべての国家権力機関は選挙によって構成され，これらの機関は人
民に対して報告義務を負い，上級機関の決定は下級機関にとって拘束力をもつとい
う原則，にしたがって打ちたてられる。民主主義的中央集権制は，統一的指導と，
検知におけるイニシアティヴおよび創造的積極性ならびにすべての国家機関および
すべての公務員の委任された事項に対する責任とを結合する。
　　第6条　ソビエト社会の指導的かつ嚮導的な力，ソビエト社会の政治制度，国家
機関と社会団体の中核は，ソビエト連邦共産党である。ソ連邦共産党は，人民のた
めに存在し，人民に奉仕する。マルクス－レーニン主義の学説で武装した共産党は，
社会発展の全般的展望，ソ連邦の内外政策の路線を決定し，ソビエト人民の偉大な
創造的活動を指導し，共産主義の勝利をめざすソビエト人民の闘争に計画的な，科
学的に根拠づけられたものとしての性格をあたえる。（『ソビエト憲法』1977年）

　党の任務として，(1)究極的な政策策定者であり，決定権者であり，執行者で
ある。(2)政策の執行にあたって，統制，監督，監理の役割を行使していく。(3)
政治教育，思想教育などの務めをはたす。(4)人事統制権を行使する（幹部の任
用と配置）。(5)情報統制。民主主義的集中制の原則を前提として，党の存在は絶
対的となる。

③　国　家　観

　国家＝権力団体論としては，ヘーゲル（1770-1831），イエリネック（1851-1911），ヴェーバーがあげられる。支配階級による暴力装置としての階級国家論が，マルクス，エンゲルスによって批判された。彼らにとって，ブルジョアジーの残滓である国家は廃止，死滅しなければならない。

　かたや，カウツキーやラッサールら社会民主主義右派は国家は事業機能をはたす役割を負うとした。社会国家，サービス国家である。イギリスにあっては，福祉国家路線がとられた。マルクス主義国家論をふりかえろう。

　マルクス主義国家論によれば，資本主義体制にあって国家は支配階級の意思遂行の機関である。政治思想史上，国家と社会との峻別，社会における国家（一機関・一制度），政治社会と政治組織，市民社会と国家，経済社会と国家社会などの区別が認められる。

＜国家廃止　死滅論＞
　19世紀段階でのマルクス－エンゲルスの認識としては，労働者階級は政治的権利をもたない状態にある。国家から一方的な支配に服従する立場にある。外化であり，疎外である。国家は，ブルジョアジーの支配装置である。プロレタリアが革命を起こしたあと，プロレタリア独裁を樹立したならば，前支配階級であったブルジョアジーの支配装置は廃止，死滅していく。未来予想図を描いてみせた。
＜暫定的存続論＞
　20世紀段階でのレーニン－スターリン主義にあっては，支配機関としての国家の暫定的存続が首肯された。国家を即時廃止することは，困難である。
＜人民民主主義国家＞
　国家はあくまでも暫定的性格を有する。レーニン，スターリンは国家の存続を容認した。

1945年から48年にかけて東ヨーロッパ（ブルガリア・ハンガリー・ポーランド・チェコスロバキア・ルーマニア）にあって，新民主主義から人民民主主義への移行がみられた。ディミトロフは，

> 人民民主主義と人民民主主義国家は，ドイツ・ファシスト勢力の崩壊の結果，第二次世界大戦におけるソ連邦と，労働者階級に指導された人民大衆の民族的自由と独立をめざす闘争の歴史的勝利の結果，一連の東ヨーロッパおよび東南ヨーロッパ諸国が帝国主義側から抜け出たことによって可能となった。

とし，その特長として，

> (a) 勤労大衆の権力，すなわち労働者階級の指導的役割のもとでの人民の圧倒的多数の権力である。国家は搾取分子に対する資本主義機構とブルジョアジーの支配の復活をめざすすべての企図と傾向に対する勤労者の闘争における道具として役だっている。(b) 人民民主主義国家は，社会主義の道にそって国の発展を保障するという使命をもつ過渡期の国家である。(c) ソ連邦との，すなわち社会主義の国との協力と友好のもとで建設されている。(d) 民主主義的，反帝国主義的陣営に属する。(『ブルガリア労働党第五回大会中央委員会政治報告』1948年)

と論じた。

アルチュセールは，スターリン理論について，

> 社会主義国家は，一国における社会主義と資本主義による包囲の条件下では，新しい決定的な諸機能をおわねばならない。この機能は，国内的発展と国際的状況に応じて変化する。発展の第一局面（10月革命から搾取階級の粛正）では，国家の機能は，(a) 国内における失墜した階級の弾圧，(b) 外からの襲撃に対する国土の防衛，(c) 経済的組織化と文化的教育化の作業からなる。第二局面（都市・農村における資本主義的要素の清掃から社会主義経済体制と新憲法採用の完全勝利）では，

> 社会主義的所有を守る機能にかわる。さらに，国家は，共産主義の時期になってさえ，資本主義的包囲が打倒されず，外からの好戦的襲撃の危険が克服されないかぎりは，のこりつづける。

と非難していた。さらに，マルクーゼ（1898－1979）は，「一国社会主義という教義は，ソビエト国家の抑圧的機能を世界史的に正当化することに役立った。」（『ソビエト・マルクス主義』1958年）と説明している。

> ＜福祉国家論＞
>   20世紀段階で，修正主義，同意による革命路線を志向する側からは，社会立法，社会政策，経済政策を重視していく福祉国家論が提起される。国家は積極的な役割をはたしていく。機能的国家化である。資本主義国家論，ケインズ主義的国家論としても取り上げられる（拙著『福祉国家へのアプローチ』成文堂2014年参照）。

　以上の国家観が，ソーシャリストたちのあいだで主張されていた。

4　政　治　制　度

　国家と同様にブルジョア階級の考案した議会制度，官僚制度，軍隊，警察制度，裁判所などは，どのように取り扱われるのだろうか。まず，法システムについておさえておこう。ソビエトにあっては，立法－行政の一元化が具体化されている。社会主義法理論では，法は，支配階級の意思そのものである。経済システムが法において顕在化する。パシュカーニス（1891－1938）は，

第4章　ソーシャリズムの理論構造　**63**

> 　法は階級社会の生産関係および他の社会関係の規則と認証の形態であると定義することができる。法は支配階級の国家権力機構に立脚し，その階級の利益を表現する。
>
> 　ブルジョア的法体系は，ブルジョア社会の階級関係の公式の表現，媒介であり，支配階級としてブルジョア国家に組織されたブルジョアジーの基本的な社会の表現である。ブルジョア法は，全社会におけるブルジョア支配を表現している。ブルジョア法はブルジョアジーの政治の特殊な形態であり，自由と平等の形式的原則にかくされた階級支配の道具である。ブルジョア法はブルジョア国家の機構によって維持され，保証されている。私的所有がブルジョア支配の基礎である。ブルジョアジーの基礎的な法は，ブルジョア社会の所有関係，財産関係を規制する法，いわゆる民法である。
>
> 　プロレタリア独裁のもとにおける法は，多数をしめる勤労者の利益をまもり，プロレタリアートに敵対する階級分子を抑圧し，社会主義建設を促進することを目的とする。（『法の一般理論とマルクス主義』1924年）

などと解説している。

　マルクス主義では，社会主義社会にあっては，階級関係がなくなり，国家が死滅し，法もまた廃止されることが想定される。その意味で，ケルゼン（1881－1973）がユートピア的であるし，無政府主義的であると批判しているところである（『マルクス主義法理論の考察』1954年）。しかし，現実には，共産主義社会への過渡的段階にあっては，国家は存置し，法もまた（ブルジョア的ならびに社会主義的性格をおびたものとして）存在しつづける。

　社会主義憲法は，社会主義理念を具体的に運用していくにあたっての宣言として位置付けられる。統治機構・権利条項によって構成される。

　官僚制度は，ブルジョア階級の支配組織であり，社会主義体制への移行後は廃止される方向にある。しかしながら，強固な官僚組織の制度化がすすめられた。ハンガリーの首相・社会学者であったヘゲデューシュ（1922－）は，

統治・管理機構の成立を不可避とする歴史的必然性は，ただちに官僚制的諸関係の再生をもたらした。すなわち，管理・統治機能をはたす集団がかならずしもすべての点で社会の普遍的利害と目的に一致するわけではない独自の利害と目的をもちうる状態が形成される。（『社会主義と官僚制』1976年）

と説明している。

社会主義においても，マルクス主義的に規定された意味での官僚制的諸関係が社会的必然として発達していく。……社会主義に官僚制的諸関係が成立するのは，次の事情のためである。社会主義のもとで支配的地位をしめる新しい所有関係――国家的（全人民的）所有にせよ，協同組合的所有にせよ――は，所与の段階にではいまだ法律上の所有者たち――これは社会全体であったり組合員集団であったりするが――は，その所有権を直接に行使しうる可能性を保証できないということ，またそのためにこの所有権の行使を，特殊な専門的知識をもち社会の統治と管理を職業的に担う，またそれを独自の利害としている集団にゆだねざるをえないということである。とくに社会主義的国家所有の出現は，以前の状態に比較にならないほど……社会の管理・統治機能の重要性はいちじるしく増大する。

官僚制の制御としては，

(1) 統治機構がもつ権利，責任，専門性，およびこれらの成果としての効率性をひきあげること。(2) 統治機構とその各級機関を勤労者の統制下におき，これらを社会に服従させること。すなわち，統治機構を徐々に人間化し，官僚制的諸関係を克服するように前進しなければならない。

としているが，現実には不可能であったのはいうまでもない。

5 経済システム論

ソーシャリズムにあって，計画経済，国有化，集団化などが経済分野で特徴的である。個人的観点からではなく，全体としての社会の観点に立脚している。

＜資本主義経済＞
　　　産業資本主義（マルクス，エンゲルス）
　　　金融資本主義（フィルファディング，レーニン）
　　　資本蓄積（ルクセンブルグ）
　　　修正資本主義
　　　計画経済
　　　個人的な欲求をいかにみたしていくのかという個人的観点からの理論
　　　アダム・スミス（1724-90）型＜私益→神の手→公益・調和＞
＜社会主義経済＞
　　　労働者窮乏論
　　　失業
　　　全般的危機論
　　　経済的民主主義
　　　労働者の経営参画
　　　マルクス型＜計画→公益・社会化＞

一国社会主義論ならびに共産主義的工業化に関して，マルクーゼは，

(1) 国有生産を基盤とする全面的工業化。(2) 農業集団化の推進。(3) 労働の全般的機械化。(4) 全般的生活水準の漸次的上昇。(5) 労働モラル，競争能力の形成，超越的な心理的・イデオロギー的要素の排除。(6) 国家と軍にわたる行政，党機関の維持と確立。(7) 社会的生産物の分配。

> 　全体主義的政府のもとで，国有化を基盤としておこなわれる東方後進地帯におけ
> る工業化である。そこでおこなわれるのは，共産圏での限界をこえでている。共産
> 主義的工業化は，歴史の諸時期全体をとびこえ，圧縮して前進をとげる。西欧社会
> とソビエト社会との基本的な相違と並行して，ひとつの強い同化への傾向が進行
> する。両体制はともに，中央集権化と統制化，個人的経済と自律にとってかわる。
> 　（『ソビエト・マルクス主義』1958年）

と総括している。

⑥　革命路線

　革命へのロマンティシズムが，ソーシャリズムにはある。資本主義体制を打
破しないかぎり，労働者階級の解放はありえない。その信念は，ゆるぎない。
革命路線としては，2つある。

> ＜暴力革命＞
> 　　　社会主義鎮圧法との戦い
> 　　　民主主義運動
> 　　　解放運動
> 　　　革命2段階論（社会主義社会→共産主義社会）
> 　　　前衛党
> ＜同意による革命＞
> 　　　議会制デモクラシー
> 　　　普通選挙制度
> 　　　社会政策・立法
> 　　　社会主義政党・階級政党

第4章　ソーシャリズムの理論構造　**67**

ちなみに,

> ＜独立（反ファシズム　帝国主義　宗主国からの独立）による革命＞
> 　　　世界革命
> 　　　人民連帯
> ＜未完の革命（マルクス）＞
> 　　　永続革命

なども注視しておこう。

　かつて, 1970年代に, 先進国革命論, 先進国民主主義論が取り沙汰された。いわゆるユーロ・コミュニズムである。ユーロ・コミュニズムにおいて,

> a　プロレタリアート独裁　革命は, 労働者階級にのみだけではなく, ひろく各階層・勢力のひとたちにとっても必要である。統一戦線・連合・連帯。
> b　チカラによる革命路線は現実的ではない。
> c　デモクラシー, 資本主義体制・経済を前提条件としたなかで, 社会主義革命をめざしていく。
> d　議会制, 普通選挙制, 複数政党制, 自由の保障などのシステムを前提とする。
> e　＜社会主義の民主主義的進化＞＜社会主義への民主主義的な道＞である。
> f　政治的民主主義・経済的民主主義・社会的民主主義の重視。

などの新基軸が打ち出された。さらに,『フランス－イタリア共産党のローマ宣言』(1975年) で,「社会主義は民主主義と自由のより高度の段階をなすものであり, 徹底した民主主義である。」とあらたな理解を提起している。1970年代に,「先進的民主主義」(フランス共産党),「政治的社会的民主主義」(スペイン共産党),「民主主義革命の新しい段階」(イタリア共産党) などの取り組みがみられた。

7 ソーシャリズムとコミュニズム

　一般的に，レフト・ウィングにあっては，

　　A　民主主義的社会主義・社会民主主義右派

　　B　共産主義・社会民主主義左派

との政治的立場がある。

　マルクス主義正統派にあっては，レーニンによって"2段階論"が主張された。つまり，《＜低次元；社会主義＞から＜高次元；共産主義＞へ》の社会体制の進展がみられ，高次元の社会が到来すると，ブルジョア的遺物（国家・法など）は消滅し，プロレタリアは解放される。それは，革命路線，未来志向，下部構造，歴史的必然性に依然としてこだわり続ける理論内容であった。

　改良主義派においては，マルクス主義における政治的なものの自立・独自性，政治的イニシアティブの回復，企業の集中と財産の集中の非対称性，中間層の持続と成長，経済計画の役割などを重視する。いわば，修正主義派のベルンシュタインらの考えである。それは，革命ならびに社会主義への移行の非現実性，経済主義との決別，歴史的偶然性などの理論内容を有した。

　『ソビエト憲法』（1977年）前文にあって，

　発達した社会主義社会は，共産主義への道における合法則的な一段階である。ソビエト国家の最高の目的は，共産主義的な社会的自治が発展を遂げる無階級共産主義社会の建設である。社会主義的全人民国家の主要な課題は，共産主義の物質的・技術的土台を創りだすこと，社会主義的社会関係をより完全なものとし，これを共産主義的社会関係につくりかえること，共産主義社会の人間を育成すること，勤労者の物質的および文化的生活水準を高めること，国の安全を保障すること，平和の強化と国際協力の発展を促進すること，である。

第4章　ソーシャリズムの理論構造　**69**

と規定するのは，前者の見解である。

　ドイツ社会民主党『民主的社会主義の目的と課題』（1951年）における，

> 　共産主義はロシアのボルシェヴィキ革命以来，国際労働運動を分裂させることによって，各国における社会主義の実現を何十年も遅らせてきた。共産主義者は社会主義的伝統を不当に利用している。彼らは実際にこの伝統を，識別しないまでに歪曲した。共産主義は教条主義へと硬直化し，マルクス主義の批判的精神とは相容れないものとなっている。…共産主義者は，社会の階級分裂を一層激化しようともくろんでいる。それもただ一党独裁を打ちたてんがためにである。国際共産主義は，あらたな帝国主義の手段となっている。それが権力を握ったところではどこでも，自由を根絶するか自由獲得の可能性を否定している。それは，軍事的官僚制と恐怖警察とを基礎にしている。

との意見は後者に近似しているであろう。

⑧　ソーシャリズムとイデオロギー

　ソーシャリズムは，リベラリズムの系譜に位置付けられる。とともに，デモクラシーを補完原理とする。それら以外にも，諸種のイデオロギーとの交錯，接触，収斂，融合によって，理論的に構成されてきた。

> a　デモクラシー　＝ソーシャル・デモクラシー
> b　リベラリズム　＝ニュー・リベラリズム　ホッブハウス（1864−1929）　ケインズ（1883−1946）
> c　ナショナリズム　＝ナチズム　国家社会主義
> d　反インペリアリズム　　反日闘争　＝毛沢東主義
> e　反ファシズム　＝東ヨーロッパ　ディミトロフ

f　アナーキズム　＝国家神学　扶助

⑨　帝　国　主　義

インペリアリズムに関して，左派のレーニンは，

新しい資本主義＝帝国主義。

資本一般の支配から，金融資本の支配への転換。

資本の所有と資本の生産への投下との分離，貨幣資本と産業資本あるいは生産資本との分離，貨幣資本からの収益によってのみ生活している金利生活者と，企業家および資本の運用に直接にたずさわっているすべてのひとびととの分離，帝国主義とは，あるいは金融資本とは，このような分離が巨大な規模に達している資本主義の最高段階である。

資本の輸出。

諸国家間に世界的領土の分割，植民地のための闘争状態が生じている。

帝国主義とは，資本主義の独占的段階である。

(1)　独占を生み出すにいたる高度に発達した生産と資本の集積，(2)　銀行資本と産業資本との融合と金融寡頭制の成立，(3)　資本の輸出，(4)　国際的な資本家の独占団体の形成と世界分割，(5)　最大の資本主義諸国による世界的領土の分割の特色をもつ。

帝国主義とは，独占と金融資本との融合とその支配が成立し，資本の輸出が顕著な意義を獲得し，国際トラストによる世界の分割が始まり，最大の資本主義諸国による地球上の全領土の分割が完了したという発展段階における資本主義である。

（『帝国主義』1917年）

との意見を開陳している。

右派のカウツキーは,

> 帝国主義とは, 高度に発達した産業資本主義の一産物である。帝国主義とは, ますます大きな農業地域を征服し, その地域にどんな住民が存在しているのかにかかわりなく, 隷属させ併合しようとするすべての産業資本主義国家の衝動である。
> 独占は競争を生み, 競争は独占を生むが, 帝国主義にもあてはまる。大企業, 大銀行, 大富豪の激烈な競争は, 小勢力を併合した大金融勢力のカルテルを生んだ。帝国主義的諸列強の世界戦争から, 最強者相互間の結合が生じていく。

と。つまり, 「超帝国主義」である。(『帝国主義論』1914年)

スウィジーは帝国主義の特長として,

> (a) いくつかの先進資本主義国が工業生産物の世界市場に関して競争的立場にたつ。
> (b) 独占資本が資本の支配的形態である。
> (c) 蓄積過程の諸矛盾が成熟し, 資本輸出が世界経済関係の顕著な特長となる。これらの経済的諸条件の結果として, さらに次の二つの特徴が指摘できる。
> (d) 世界市場における苛烈な競争が, 死活的な競争と国際的な企業結合とを交互に発展させる。
> (e) 主要な資本主義列強間において世界の未占有部分の領土的分割がおこなわれる。
> (『資本主義の発展理論』1942年)

と指摘していた。

10 史的唯物論

科学的社会主義の哲学的基礎として，史的唯物論がある。

ブハーリン（1888–1938）にしたがえば，史的唯物論は，歴史における唯物論的方法，経済的唯物論である。それは，「戦争や革命やプロレタリアの独裁や…党派や集団や階級の行動を正しく予言する」理論である。

組織的な社会の特長として，彼は，

> 1 社会現象は個人的な意志，感情，行為等々の交錯から生ずるが，その最後の過程は自然発生的にではなく，決定的な分野においては組織的に行なわれるのである。
> 2 社会現象はどんな時点をとっても個人的意志を規定する。
> 3 社会現象は人間の意志を表し，通常その意志に反しない。人間は自分たちの決定を支配し，社会的な自然的不可抗力の圧迫をなんら感ずることなく，その不可抗力に合理的な社会組織がとってかわる。
> 社会は相互作用をしあう人間のもっとも幅広い体系であり，彼らのあらゆる永続的相互作用を包含し，かつ彼らの労働の連関に依拠している。われわれは完全に唯物論的な社会観に到達する。その構造の基礎は，ちょうど生活の基礎が物質的生産過程であると同じように労働的連関である。

と述べている。さらに，社会構造に関しては，

> 特定の経済構造をもった社会が存在するからには，そのかぎりにおいてその国家組織はその経済組織に適合していなければならない。いいかえれば，社会の経済構造は，その国家・政治構造をも規定する。
> 経済は政治を規定している。

などの諸命題によって，科学的社会主義は基礎付けられていた。

第5章　ソーシャリズムの問題点

A　同時代的批判論

　現代社会学の鼻祖とされる二人の思想家の指摘は有益である。彼等は，ロシア革命がおこった同時代人として，洞察していた。

　ヴェーバーは，社会主義における，

> ア．官僚制化，イ．人に対するモノの支配，ウ．共同経済，エ．予言的文書である「共産党宣言」，オ．プロレタリアの窮乏化論，カ．恐慌論（革命の条件），キ．ホワイト・カラー層の登場による労働者階級の統一性の崩壊，ク．革命指導者のロマン主義的傾向，ケ．農民階級の保守的性格

などの問題点を指摘していた。ヴェーバーは，

> 革命的大破局への希望から修正主義へ，現実主義（社会民主党の政権参加），革命の破綻，プロレタリア独裁の矛盾，社会主義社会の実現不可能

を見通していた（『社会主義』1918年）。

　デュルケームは，「共産主義の諸理論は散発的にしか，歴史に登場してこな

い」と指摘した。共産主義は,

> 脈絡なく孤立的にあらわれる。
> 共産主義的理論を構想した人々はすべて,夢物語に託して理論を提示する。彼ら自身が現実のものとなるとはきまっていない美しい作り話としてしか考えていない。プラトン,トマス・モア,カンパネラ,モルリイ,そして「共産党宣言」なのである。

デュルケームによれば,

> 社会主義は,おのずから労働階級に関心をもつようになっていて,憐れみと友愛の感情に接近しうる状態にあったのであり,社会主義はフランス革命から直接生まれたのではないか

とされる。結論として,デュルケームは,社会主義は「社会的不平等に対する抗議の感情」＝経済的社会的改革（『社会主義およびサン・シモン』1928年）と指摘していた。

ちなみに,ケルゼンは,プロレタリア支配について,

> 政権を奪取するのはプロレタリア階級ではなくて,プロレタリア政党である。階級意識をもつプロレタリアが有権者の多数を占めるとき,民主的国家ではプロレタリア政党に政権を委ねる。
> 国家がブルジョアの強制秩序装置からプロレタリアのそれに変わるにあたり,国家の権力と権限は拡大し,それが極度に達したときに,突如として謎のように消失するとは背理である。（『社会主義と国家』1923年）

などと批判していた。ケルゼンの指摘は,ユーロ・コミュニズムと直結するといえよう。

第5章　ソーシャリズムの問題点　　**77**

　ロシア革命以降，社会主義体制をいかにして発展させていくのか，いわば路線対立が生じた。トロツキー（1879-1940）は，レーニン－スターリン主義の矛盾について鋭く指弾していた。たとえば，

　　矛盾だらけのソヴェト体制は，社会主義体制ではなしに，準備的な体制，もしくは資本主義から社会主義への過渡的な体制である。
　　官僚というものに対する社会的需要は，すべての状況において発生する。
　　ソヴェト国家はその存在を死滅しなかった。ソヴェト国家は史上かつてなかったような強制の機構へと肥大化した。官僚は大衆に席を譲って消滅するどころか，大衆の上に君臨する無統制の権力へと転化した。
　　国家は死滅するどころかますます専制的になっていきつつあるとしても，また労働者階級の代表が官僚化し，一方，一新された社会を官僚層が上から支配しつつあるとしても，それは過去の心理的残滓などといったなんらかの二義的原因によるのではなくて，真の平等を保障する可能性がないあいだは特権的少数者をつくりだし，支えざるをえないという鉄の必要性のせいである。
　　社会主義は，人間の欲求をもっとも充足することを目的とした計画的生産の体制である。そうでなければ，社会主義はその呼称に値しない。
　　社会主義がもし原理ではなしに，現実の社会体制として最終的かつ決定的に勝利したのであれば，独裁のあらたな強化はあきらかなナンセンスとなる。また逆に，独裁の強化が体制の実際の要請によって引き起こされているとすれば，社会主義の勝利まではまだ近くはないということになる。独裁，すなわち国家的強制の強化は，無階級的な調和ではなく，あらたな社会的対立を物語る。
　　ソヴェト社会は国家なしには，官僚なしにはやっていけない。（『裏切られた革命』1936年）

との議論を展開していた。

B 理論的欠陥

1 革命の幻想と幻滅

　マルクス－エンゲルス－レーニン主義では，かならずプロレタリア革命が惹起されなければならない，プロレタリア独裁が成立しなければならないと理論的に措定される。しかしながら，高度資本主義段階に達したとしても，同主義の想定したような革命はおこらない。革命の必然性について，どうしても疑問が生じてしまう。さらに，暴力をともなう革命については，その可能性は低い。そこで，先進国革命について修正がせまられる。つまり，議会制デモクラシーを前提条件とした平和的革命路線である。

　スターリンは　ソビエト・ロシアにおける一国社会主義論を主張した。旧東欧諸国は，新民主主義，人民民主主義国家を標榜していた。世界的革命の実現は，不可能となった。冷戦構造下にあって，第三世界への支援をおこない反資本主義，反ファシズム路線をとった。しかしながら，その姿は大国主義そのものと映じた。

　社会主義陣営内での対立（中ソ間）もみられ，世界的革命，全プロレタリアの連帯にまではいたらなかった。革命への幻想が，やがてはソビエト・ロシア，東欧諸国の崩壊へとつながっていった。

② 階級意識の希薄化

　革命や社会主義体制の確立にあたっては，政治的主体＝人民・労働者階級の階級意識の形成が重要となってくる。さらに，階級政党ならびに労働組合の役割もおおきい。

　マルクスは階級概念を必ずしも精緻化してはいない。むしろ，労働者階級の内部構想に関しては，ドニ・プロ（1832−1905）『崇高なる者』（1870年）の議論がより実態論的である。たとえば，

> 1　個人の創意性を犠牲にしても国家がすべてであると主張する者（a偏狭な共産主義者，bあまり偏狭ではない共産主義者，cエペール派），
> 2　個人がすべてであり，国家が奉仕者であると主張する者（a民主主義者，b進歩的民主主義者）

という整理である。プロレタリアートといっても，ヴェーバーが指摘したように，農民（小地主）は保守的な性格を有している例が多い。都市社会における労働者と農村社会における農民との利益の相反がある。それだけに，マルクス，レーニンらは農民問題に腐心した。階級意識についてはルカーチによって，その後，取り上げられてくる。ルカーチは，階級について，

> プロレタリアートは自己を止揚することによって，すなわち自分の階級闘争を最後まで戦いぬいて階級なき社会を完成することによって，はじめて自らを完成するのである。階級なき社会をたたかいとる闘争ではプロレタリアートの独裁もひとつのたんなる階級なのであるが，この闘争は外敵であるブルジョアジーとの闘争であるばかりではなく，同時にまたプロレタリアートの自分自身との闘争すなわち資本

> 主義制度がプロレタリアートの階級意識を破壊し低下させる作用との闘争なのである。(「歴史と階級意識」1923年)

と言及していた。階級意識は，資本主義にあって形成される。対ブルジョアジー闘争のなかで，プロレタリアートの階級意識が具体化してくる。高度な階級意識を有する労働者によって革命が成し遂げられる。しかし，プロレタリア独裁によって共産主義社会が達成された段階で，階級意識は昇華する。となると，階級意識は階級闘争にあたっての運動原理でありイデオロギーである。社会主義・共産主義体制への過程にあって，意味をもつ。体制を確立したあとは体制原理としては必要とはしないことになろう。

　あるいは，イタリア共産党創設者のグラムシ (1891 – 1937) が，勤労大衆の全体的な意志は存在しないと喝破している。さらにグラムシは，

> 共産党は勤労者大衆全体を代表するが，大衆の特定の一部分を，すなわち最も先進的な部分，革命的手段によって現体制を転覆させ共産主義を創設しようとしている部分の意志だけを代表する。(『共産党の建設』1979年)

と断じてもいた。

　現代にあっては，階級を一元的に把握することは難しい。さらに，都市型政治理論の限界も生じてきた。

　労働者の大衆化 (20世紀) によって，階級対立や階級政党による政治過程ではなく，利益集団による政治，ネオ・コーポラティズムが主流となっていった。さらに，自己責任化，個人化 (21世紀) が進行してくると，労働者意識は喪失していく。労働者は，現代にあっては，国民であり，市民であり，消費者である。労働者といっても，その構成や構造は，永続的ではない。絶えず流動化している。すすんで指摘したいのは，以下の点である。

　＜労働者窮乏化＞論に対抗して，＜プロレタリアのブルジョア化＞が認められるのではないか。福祉国家路線によって，豊かさ，快適さが保証されてきて

いる。資本主義体制によって，労働者階級が窮乏化したとは断じえない。

③　社会主義体制の非現実化

　社会主義社会ならびに共産主義社会の建設に際して，国家の取り扱いはなやましい問題であった。そもそも，国家はブルジョア社会の産物である。ブルジョア制度の存置として，軍事独裁政権，統制，官僚制度，官憲，秘密警察などが，ソビエト・ロシアでもいきつづけた。国家は，共産主義社会が達成されるまで存続するとの便法さえつかわれた。国家機構の存続は，全体主義国家へと変質していった。ソビエトにおける政治体制が失敗におわったことが，大きくマイナスイメージを定着させてしまった。つまり，共産主義国家は，ひとびとを抑圧する暴力国家である，との認識である。

④　教条主義的イデオロギー

　イデオロギーの機能として，ひとびとを統合し，一体化させる面がある。その一方で，イデオロギーは硬直化し，柔軟性に欠ける側面も生じさせてしまう。マルクス－レーニン主義における支配階級と被支配階級関係，革命論，社会主義建設，未来予想図などは，次第に理論的効力を喪失させていった。

　コミュンテルンの指導による社会主義社会の建設も，やがては頓挫してしまった（毛主義の新民主主義論・ディミトロフの新民主主義）。

　教条化したマルクス－レーニン主義は，最終的に社会民主主義，民主社会主義の方向に再生の可能性を探る動きをみせるようになったケースもみられてくる。具体的には，平等と自由，私有と共有，資本主義と社会主義，民主集中制

と権力分立制度，多数党制などの再検討である。

5 運動と組織活動

　マルクス・レーニン主義は労働運動，学生運動，市民運動，農民運動，そして階級闘争への取り組みから変革をとげる戦術をもっていた。その際に，前衛党（社会主義政党）や組合指導者らの役割に期待が寄せられた。ゼネラル・ストライキやサボタージュなどの直接行動も首肯された。そして，究極的には，国民各層の連帯，統一戦線，国民的組織などへの発展が希求された。

　現実には，社会主義陣営内部における対立，全国的国民的統一組織の未発展などの課題を残してしまった。

　戦後日本政治にあって，日本社会党と日本共産党との関係，旧ソ連からの支援問題，米ソの代理戦争などの政治的かつイデオロギー的対立が主となり，国民的活動・運動への取り組みは必ずしも成果があがらなかった。

6 ソーシャリズムの現実主義的対応

　夢だけを語ってはいられないのが，現実の政治である。ソーシャリズムも現実路線をとらざるをえなくなる。ソーシャリズムの理想と現実とのギャップが問われてくる。

　社会民主主義型福祉国家にあっては，現実に社会主義政党が政権を担うこととなり，協調主義，ネオ・コーポラティズム路線が推進された。

　自由民主主義型福祉国家にあっては，社会主義政党の支配体制への埋没傾向が明白となった。たとえば，正当性の危機論である。バラまき福祉の頓挫，財

政問題，社会保障見直し，社会保障負担などの現実問題が，社会主義陣営にも大きくのしかかってくる。

戦後日本の政治にあっても，自衛隊違憲合法論，自社さ連立政権などは　社会主義の理想を実現するよりも状況に埋没し，陥穽にはまってしまう結果となった。

福祉国家見直し論がかまびすしい。社会福祉・社会保障国家路線は，＜資本主義の社会主義化＞であり，＜社会主義の資本主義化＞といえる。スウィジーにしたがえば，両主義の収斂理論である。このような政治状況にあって，各国社会党は，しばしば革命の仮面をかぶった体制政党と揶揄された。先進国革命路線，すなわち議会主義をとるなかで，社会主義政党は変質・変容したとされた。フランス社会党しかり，イギリス労働党しかり，日本社会党しかりである。第三の道も，結局は，現実主義的対応にソーシャリズム再生の可能性をさぐるこころみである。

現代のリスク型社会にあって惹起される戦争，紛争にソーシャリズムはどう対応するのか。生活防衛，福祉，食料，環境などの諸課題にいかに解決の糸口をみいだすのか。ソーシャリズムの再生と関連して考えていかねばならない。

7　革命路線の修正

先進国革命は，暴力革命を否定し，あくまでも平和的革命，議会制デモクラシーの堅持，平和的な体制の移行を目的とする。イデオロギー的には，資本主義の社会主義の内在化，社会主義の資本主義の内在化，として認められる。福祉国家はしたたかであった。社会主義政策を体制内在化してしまう。

いままで，「社会主義」の政策として，民主的計画，経済の計画化，生産手段の公有化・社会化，所得の再配分，社会権の確立，社会保障制度の充実などがはかられた。奇妙なのは，このような社会主義の現実化・具体化が成功すれ

ばするほど，社会主義勢力の退潮は顕著となる点である。いわば＜社会主義政策実施と社会主義陣営の退行のパラドックス＞である。さらに，注目すべきは，社会主義政党は権利となり生活条件となった具体的な社会（主義）政策を守りぬいていかなければならなくなるし，守っていくことが使命となる。しかし，政治はたえずうごめく。社会主義政党の有り様が保守的な姿勢として国民の目に映じてしまう。改良・改革ではなく，保守の姿とみえてしまうのである。社会主義の限界である。常に，あらたな社会主義政策や理念を打ち出していくことをしないと，社会主義政党はあきられてしまう。

　社会主義勢力の退潮傾向は，社会主義政策の成功，実現の裏返しである。

⑧　社会主義体制の希望と失望

　1989年，社会主義の壁を打ち破ったピープルズ・パワーはすさまじかった。20世紀にうまれ，そして姿を消していったソビエト社会主義とはなんであったのだろうか。

　東欧諸国は，タテマエ論では，ソビエト・ロシアの指導，協力，援助をうけて人民民主主義国家を建設した。ホンネの部分では，ソビエト・ロシアの押しつけによる国家の樹立ではなかったか。チカラによる支配がおこなわれた。

　全体主義ならびに大国主義の傾向がロシア，中国にはある。大国主義との関係で，ソーシャリズムを考察しておかなければならない。この問題は，別に取り上げたい。

　1989年革命は，いかなる政治的遺産をもうみださなかったと評価される。しかしながら，全体主義，チカラによる政治はひとびとの自由を抑圧すること，ひとびとは自由を希求する存在であること，開かれた社会を切望することなどを明確にした点で，歴史の教訓をのこしたといえる。

第6章　ソーシャリズムの展望

　イギリスのダービン（1906-？）は，マルクス主義に関して，

> (1)　人間生活の支配的動機が獲得欲であること，
> (2)　獲得欲が歴史的変革を生み出すには，かならず集団闘争の形をとってあらわれること，
> (3)　集団闘争はかならず，いかなる時代にも権力の一階級から他の階級への移行がおこなわれるとの市民戦争となって爆発すること，
> (4)　プロレタリアートの独裁とプロレタリアートに対する共産党の独裁が，社会正義または社会主義を達成すること（『民主社会主義の政治理論』1957年）

などの要因から構成されている，と批判していた。ダービンは，寛容と責任の精神に立脚したうえで，民主社会主義論を提起した。具体的には，(1)社会改良，(2)社会化，(3)繁栄，(4)平等などの方策を重視する内容である。

　『ドイツ社会民主党基本綱領（ゴーデスベルク綱領）』（1959年）では，民主的社会主義が明確化されている。社会主義の基本的価値として，

> 　すべてのひとびとが自由に人格を発展させ，社会の有用な構成員として人類の政治的，経済的，文化的生活に責任を持って協力することのできるような社会をめざす。自由と公正は相互に制約しあっている。なぜなら，人間の尊厳とは，自らの独立性を要求することだけではなく，他者が人格を発展させながら，対等の立場で社会形成に参加する権利を認めるものだからである。自由，公正，および連帯，共存

> から生ずる相互的義務は，社会主義の基本的価値である。
>
> 　われわれは民主主義のために戦う。民主主義だけが人間の尊厳と自己責任とを尊重する表現であるから，民主主義は普遍的な国家秩序，生活秩序でなければならない。われわれはいかなる独裁，いかなる類の全体主義的かつ権力主義的支配にも反対する。なせなら，それらは人間の尊厳を軽視し，自由を否定し，正義を破壊するからである。社会主義は民主主義を通じてのみ実現され，民主主義は社会主義を通じて達成される。

と宣言している。

　社会主義の再生に関しては，民主主義的社会主義モデルが提案された。たとえば，旧ソ連・チェコ出身で，のちにカナダ・カールトン大学政治学教授となったセルツキー（1930-）にしたがえば，

> (1)　労働が所得の唯一の源泉である。
>
> (2)　生産手段は社会的に所有されている。
>
> (3)　生産手段の社会的所有は，国家から分離されている。
>
> (4)　生産手段の集団的使用者（生産者）が租税を社会的ファンドに支払う。
>
> (5)　企業は，国家から自律的であり独立している。企業は計画的に規制される市場の枠組みにおいて活動する。
>
> (6)　保険・教育・福祉サービスをおこなう機関は，市場から隔離されている。
>
> (7)　公共サービス・公益事業を提供する機関は，市場から隔離されている。
>
> (8)　中央銀行は国家によってコントロールされる。
>
> (9)　市場における企業の管理について，労働者の参加を認める。
>
> (10)　社会的生産手段の管理について，市民の参加を認める。
>
> (11)　所得は，各人の労働と成果に応じて支給される。
>
> (12)　社会的弱者に対しては，その必要性に応じてサービスが提供される。
>
> (13)　社会的生産手段の配当は，社会的ファンドに蓄積される。
>
> (14)　経済的平等は，社会的・公共的サービスを受けるかぎりで成立する。所得は，経済的平等のカテゴリーには，含まれない。

などである（『社会主義の民主的再生』1979年）。

デモクラシーと自由の条件に関しては，

> (1) 政治権力と経済力との分離，(2) 経済力の分散，(3) 経済的決定にあたっての分権，(4) 市場を通じての自発的協同，(5) 経済的自由（職業・消費など），(6) 社会的流動性，(7) 競争と選挙，(8) 自己利益の追求

である。

アメリカの歴史学者マーティン・ジェイ（1944-）は，世紀末社会主義概念を提起して，それを，

> 「市民社会という多元的な場を再発見した。」
> 「打倒されるべき自己同一的で首尾一貫したシステムが存在するという確信を放棄した。」
> 「民主主義の伝統の消滅を恐れるようになった。」

と理解した。そして，

> 世紀末社会主義は，社会主義の伝統のなかにある最良の推進力を新しい世紀の課題にあわせて作り替えることによって，伝統を尊重するのである。（『世紀末社会主義』1988年）

との方向性を提示した。

民主主義的社会主義をいかにして21世紀型の理論に彫塑できるのかが，ソーシャリズムの可能性と再生に関係してくるであろう。

今後のソーシャリズムの可能性を模索してみよう。著者は，以下の諸点を最重視したい。

1 社会的弱者救済

　個人主義対社会主義の対立図式から，そもそもソーシャリズムは登場してきた。19世紀の段階で，個人の価値や自由を希求するリベラリズムはブルジョアジーのイデオロギーであった。これに対して，労働者階級の解放を志向するソーシャリズムが展開していった。20世紀後半から今世紀にあっては，リバータリアニズム，ネオ・リベラリズムの荒波に個人の存在が危胎に瀕し個人は無力化し孤立している。自己責任論は，あまりにも無情であり苛酷である。個々人を救済し解放するに際しては，再生したソーシャリズムに期待するしかない。社会の存在の回復，連帯と友愛の精神の復活，そして社会的資源の共有が要請されてくる。

　現代における孤立化した個人の救済という社会問題とその矯正手段としての社会的行動，共同体の再生，ひとびとの連帯が求められる。

2 社会福祉国家

　福祉国家見直し論は，福祉国家の否定でもなければ，廃止でもない。持続可能な福祉国家への模索である。この点については，前著『福祉国家へのアプローチ』（成文堂，2014年）で検討したところである。社会福祉国家路線の堅持，社会保障制度・暮らしの安定化路線の充実は，再生したソーシャリズムをバックボーンとして展開していく。同時に，福祉国家型憲法の制定と社会保障基本法の制定にあって，再生したソーシャリズムの理念が反映されることが必要である。

③ 福祉社会の成立

　福祉国家にかわって，＜多元的社会福祉レジーム＞の確立が不可欠となってくる。換言すれば，福祉社会，共生社会の実現である。ここにあって，あらたなソーシャリズムの可能性をみてとれる。相互扶助，共助関係である。

　福祉国家ではなく，福祉社会へとシフトしていく可能性である。

④ 労 働 運 動

　労働者，勤労者たちは団結しなければならない。しかし，今日，労働組合の組織率の低下は歯止めがかからない。労組の弱体化は，社会主義政党の退潮をまねいた。労働をめぐる状況は，厳しい。非正規雇用者の増大，合理化のあらしに対峙していくのは，労働者政党，労働組合しかない。＜労働者－農民－青年－婦人＞の連帯を推進していくにあたりソーシャリズムの役割を再考しなければならないであろう。

　労働政策は，企業の意向によって左右されてはならない。あくまでも，ソーシャリズムを背景として策定されなければならない。正規雇用の確保，非正規雇用の正規化，解雇・リストラ・賃金カットの抑制，完全雇用の実現は，働くものの死活問題となる。ソーシャリズムが積極的な役回りをしなければならない。

　繰り言になるが，19世紀における労働者の状態，20世紀における資本主義の影での労働者窮乏化がみられたが，これへの対策として完全雇用の確保が積極的にとられた。労働現場におけるあらたなる＜人権の抑圧・搾取・疎外現象＞

から，ひとびとを解放し，救済していく理論としてソーシャリズムが再構成されなければならない。歴史は繰り返すのである。

⑤　連帯社会型リベラル・デモクラシー

連帯に関して，とある社会主義政党から次のような指摘がされている。

> 　連帯は，労働運動と民主的社会主義の歴史のなかで決定的な役割を演じてきたばかりでなく，今日においてもなお，より人間的な社会をめざす闘争において重要な意義を持っている。連帯の経済的，社会的基礎は社会的分業と協業と必要性，および共同行動の有用性にある。連帯は，とくに隷属や不公平と戦う人間集団の団結のなかによくあらわれる。また連帯とは，個別的利害の集合以上のものであり，たんに社会的闘争の武器だけにはとどまらない。われわれは互いに責任感をもって助け合う場合にのみ，自由で対等な者として人間的に共存できる。こうした連帯の意義を，われわれの経験と理解が教えているのである。連帯とはわれわれにとって，普遍的な人間的な意味を持っている。それゆえまた，それを国民的な枠にとどめてはならない。連帯という基本的価値からは，同胞と社会への万人の義務が生ずる。連帯理念のもつ拘束力は，全体主義的，権力的あるいは疑似革命的共同体イデオロギーの要求とは異なり，盲目的な権力信仰にではなく，自由人の意識的，理性的同意に基づいている。（『ドイツ社会民主党「1975－85年政治経済指針」』）

　一般的に，ソーシャル・デモクラシーと人口に膾炙される。社会主義＋デモクラシー＝社会民主主義である。社会主義とデモクラシーとの媒介概念として，著者（大塚）は，この＜連帯＞があると考えたい。《ソーシャリズム→＜連帯＝相互関係・相互依存・相互利益・連帯責務・相互義務・共助・協力・共同化＞←デモクラシー》の関係である。そもそも，この連帯コンセプトには，3つの意味あいを含んでいる。つまり，価値原理，運動原理，組織原理である。連

第6章　ソーシャリズムの展望　　**91**

帯の価値原理としては，正義・公平・公正・平等がある。連帯の運動原理としては，関係・協力・共生・共助・参加がある。連帯における組織原理としては，福祉社会・社会的福祉国家・社会保障システムなどがある。このような連帯を媒介概念とするソーシャル・デモクラシーこそが，ソーシャリズムの再生への第一の道となる。

　法哲学者のラートブルフ（1878－1949）は連帯について，

　「一人のための万人，万人のための一人を意味する」，あるいは，「労働者がその階級の同志に対する誠実・信義において，共同のことがらのために捧げる喜びにおいて感ずるすべてのことがこめられている」，さらに，「共同体という形での団結を表し，人間の心情にとって最高の，もっとも本質的な形式である」（『社会主義の文化理論』1927年）

とふれている。本書「はしがき」でもふれたが，ニュー・リベラリズムとソーシャリズムの収斂・融合することが，ソーシャリズムの再生への第二の道となる。ホップハウスは，『自由主義』（1911年）にあって，自由主義＋社会主義＝新自由主義（ニュー・リベラリズム）を明確化した。著者（大塚）は，この路線を高次へと発展させていきたい。

　ア　政府，為政者，支配階級に対する批判勢力としての存在価値，抵抗原理としての価値を探る。対保守主義，対ネオ・リベラリズム，対社会ダーウィン主義へのスタンスの確立が求められる。

　イ　環境，エネルギー政策，反戦平和など人類の共有財産の社会化を認める。

　ウ　貧困問題（失業・年金・保険・生活保護・ベーシック・インカム）の解決が期待される。

　エ　社会保障制度（年金・医療・福祉・保険）の充実・擁護が企図される。

　オ　革命ではなく改革改良路線，漸進的改良路線が採用される。

　カ　議会制デモクラシーが堅持される。

　キ　国民主権と基本的人権と国際協調と＜社会福祉国家＞を政治理念とする。

ク　脱中央集権主義・限定的国家・中央政府構想がはかられる。

以上のプログラムが提示される。

ソーシャリズムにあって重要なファクターとなる共有化に関しては，

ア　人類共同体にとっての公有化・社会（国際連帯社会）化

イ　環境ならびに資源の共有化＝経済至上主義に対するアンチ・テーゼ

ウ　平和の共有化＝大国主義・帝国主義に対するアンチ・テーゼ

エ　社会福祉の共有化＝ひととして尊厳をもった生き方，搾取・疎外・抑圧
　　に対するアンチ・テーゼ

オ　デモクラシーの共有化＝ひとびとの政治的意志の尊重，政治へのコミッ
　　トメント，人権の尊重

カ　自由の共有化＝権力からの自由，官僚（テクノクラート）支配からの脱却

など依然として共有化・社会化の可能性と役割は多大である。著者は社会連帯，
社会化がソーシャリズム再生の術となると判断している。

⑥　再生ソーシャリズム

　連帯社会型ソーシャリズムが，再生可能な理論である，と著者は理解している。

　そもそも，＜人間の漸進的改良主義の志向性＞があると考えられる。そのような基調のもとで，＜豊かな社会＞→＜豊かな社会における貧困＞→＜福祉国家・福祉国家による解決＞がはかられてきた。

　かりに，＜経済成長・発展＞は＜体制の安定化＞ vs ＜経済停滞・鈍化・縮小＞は＜革命への期待を醸成＞という対立基軸が設定された場合に，＜体制変革・変動へのアフォリズムとしてのソーシャリズム＞は，理論的有効性をもつであろう。＜ネオ・リベラリズムの矯正＞として＜ソーシャリズムの再評価・再帰化＞の道が開かれる。今後，再生ソーシャリズムは，

第1段階　デモクラシーはソーシャリズムの促進原理となる－デモクラシー
　　　　　段階－
第2段階　ソーシャル・デモクラシー段階
第3段階　コミュニズム－あらたな共同体主義段階
として社会発展していく。

<17－19世紀型市民社会モデル>
　　　　　政治社会　　　　　　　政府組織
　　　　　（社会契約）　　　　　（統治契約）
　　　　　　　　　　　　↓
　　　　　　　　政治組織の否定廃止
　　　　　　　　　　　　↓
<20－21世紀型社会主義社会モデル>
　　　　共同体の再生・復興　　　管理システム

　将来的に，＜再帰可能な連帯社会型ソーシャリズム＞の模索が試みられるで
あろう。
　　　ア　多元的社会主義・議会主義・資本主義・複数政党制を前提条件とする。
　　　イ　政治・経済・社会の矛盾の解決・つまり改良主義が基本的方針となる。
　　　ウ　平等と連帯と友愛の理念が最高価値として位置付けられる。
　　　エ　共同体主義の構築が目標設定される。
　　　オ　したがって，暴力革命・プロレタリアート独裁・民主集中制・階級意
　　　　　識・階級闘争などの固定観念が捨象される。
　なお，社会主義政党が連立与党の一員として政権に参画する場合は，政策協
議・政策協定によって，再生ソーシャリズムの実現に取り組む。さらに社会主
義政党が単独で政権を担当する場合は，ネオ・コーボラティズムの実施により，
政治参画の可能性と達成をはかっていく。
　カウツキーは，社会民主主義は社会主義と労働運動とが結び合わさったもの
だとのべた。ソーシャリズムは，具体的な，現実的な社会における運動，行動，

思潮などに即応して展開するイデオロギーである。

ソーシャリズムの再生への道として,

a　抵抗理論としてのソーシャリズム

　　人権擁護,生活の安定化,環境,ファシズム,民主化運動,あたらしい人権の獲得などの課題にとりくむ。

b　権力批判論としてのソーシャリズム

　　平和,非軍事,平等,特権排除,テクノクラート批判などに先鋭的な議論をまき起こしていく。中央政府に対する地方政府(自治体)による住民重視の政策の実施もふくめて,権力監視,抑制をおこなっていく。

c　倫理としてのソーシャリズム

　　連帯,友愛,相互扶助などの理念をかかげて,社会改良を推進していく。

d　多元的福祉レジームとしてのソーシャリズム

　　福祉共同体の構築,福祉(概念)の多義性,多様性にあたる。とくに共同体,共同化は重要である。具体的には,社会保障・福祉の共同(体)化　平和の共同(体)／人類化,環境・地球資源の共同(体)化,生きる権利・人権共同体化である。われわれはそれらにソーシャリズムの可能性を見いだせよう。

e　分析概念としてのソーシャリズム

　　資本主義体制に特色的な,国家,法,租税,歴史(封建制度・資本主義制度)などの批判的分析には,問題の核心部分をえくりだしている側面が認められる。批判的分析的理論の精緻化をより一層すすめていかなければならない。

最後にソーシャリズムの再生にあたり,以下の4点を提言しておきたい。

提言Ⅰ　連帯社会型福祉レジームにあって,社会福祉・社会保障サービス機能は社会化される。ソーシャリズムにおける生産手段の社会化が,現代にあっては

福祉手段の社会化（年金・医療・介護・教育・ベーシック・インカム）へと変化していく。

提言Ⅱ　抑圧，疎外，搾取，外化，非人間化は決して除去されない現象である。これらの問題解決と人間の解放にむけて，ソーシャリズムは理論的な役割をになっていく。

提言Ⅲ　ソーシャリズムは，連帯，友愛，平等の促進原理としての役割をはたしていく。

提言Ⅳ　ソーシャリズムによって社会権的基本権が実現してきた。ソーシャリズムは，ひとびとの人間としての尊厳を達成していくために将来にわたって積極的な役割をはたしていく。権利論に関しては，著者は４段階構造をかかげている。具体的には，a　シティズンシップ，b　基本権，c　人権，そして d　慈恵・恩顧である。シティズンシップは，今後において獲得，達成の可能性のある権利である。ここに，権利獲得論としてのソーシャリズムの展望をみたい。

　ソーシャリズムの究極的目的は，各人の自由の実現にある。そのための処方箋を今後いかにしてまとめられるのか。ソーシャリズムの永遠のテーマといえる。

補訂者あとがき

　大塚桂先生が黄泉に赴かれてから，早いもので二年の歳月が流れた。私がその訃報に接したのは2014年の師走の朔日，先生が勤務されていた駒澤大学法学部の同僚の先生からのＥメールにおいてであった。昼飯を終え，研究室でのんびりしていた私はそのメールの内容に一瞬わが目を疑った。平素からエネルギッシュに研究をされ，近時も，以前に大塚先生が中心となって編まれた「シリーズ日本の政治」（法律文化社，2006年）に続き，泉文堂から新たに政治学関連のテキスト・シリーズの責任編集者として，またその執筆者として意欲的に仕事をこなされていた矢先のことであった。同シリーズのうちの一巻を担当するように大塚先生に依頼され，二つ返事で快諾したもののその後職場の学科長に任ぜられ，それを言い訳にして筆を進めていなかった私は，当時，先生の突然の訃報に接し唯々愕然とし言葉を失うだけであった。と同時に，その原稿を事前にお見せするとの先生との約束を己の怠慢から果たせなかったことを深く反省し，心よりのお詫びを申し上げたい気持ちに駆られるばかりであった。

　本書『ソーシャリズムの論理』はこうした私の贖罪意識と，『デモクラシーの論理』『リベラリズムの論理』に続く「大塚桂三部作」完成に向けての泉文堂編集部の並々ならぬ意欲とを原動力にして，すでに完成原稿を提出し終えて出版を心待ちにされていた大塚先生の想いを余すところなく汲みながら，私を補訂者とする形でこの度出版の運びとなった。もちろん，完成原稿とはいえ，大塚先生は校正の段階で加筆・修正を施される予定であったことから（そして補訂も原則として形式的な校正に止めたことから），本書が，先生が最終的に仕上げられたであろう内容・形式に100％合致しているとは必ずしもいえない。だが，大塚先生のご逝去がわが国のアカデミズム・政治学界にとって多大な損失であったことに鑑みれば，本書の刊行はその損失を補填するという点で大きな意義をもつといえ，それゆえに，あり得べき若干の相違については大塚先生も彼の世から大目に見て下さるに違いない。こう信じて，今回，ご遺族の了解を得

て本書を江湖に送ることになった次第である。多くの政治学徒に読まれること
を祈念して止まない。

　ところで，大塚先生といえば，その膨大な数の単著が即座に想起される。試
みに，CiNiiを調べてみると，単著だけでも19，編著を合わせればその数は実
に23に上る。論文や研究ノートを含めれば優に100を越えるだろう。大塚先生
のご略歴およびご業績については，「故大塚桂先生　略歴・業績」（駒澤大学法
学部『駒澤法学－故大塚桂教授追悼号』第15巻第1号（通巻第56号），2015年）131－
140頁，あるいは芝田秀幹「大塚桂先生の夭折を悼む」（『イギリス理想主義研究
年報』第11号，2015年）52－56頁に詳しいが，一瞥して大塚先生のご業績がまさ
しく"命を削って"の凄まじいものであることが理解される。今回，本書が刊
行されることによって先生の単著の数はついに20となり，アカデミズム・政治
学界への貢献がさらに上積みされた。補訂者として，今次その僅かばかりのお
手伝いを，ある種の使命感をもって為すことができたのはとても光栄であった。
先生のご逝去によって生じた私の大きな心の空域も，この仕事によって多少は
狭まったようにも思う。

　しかしながら，出版大不況の折に生前未発表の研究成果をその学問的重要性
の観点からあえて世に問う，との英断を，前述のように泉文堂編集部，とりわ
け佐藤光彦氏が下されなければ本書は日の目を見ることはなかったであろう。
大塚先生も喜んで下さっているに違いない。政治学の基礎領域を重視する私と
しても，泉文堂政治学テキスト・シリーズのさらなる充実を図るべく今後も鋭
意協力し，大塚先生の遺志を少しでも受け継いで参ることをお約束しながら，
改めて同氏に衷心より深甚な感謝の意を表する次第である。

　2016年11月

　　　　　　　　　　　　　　　　　　　　　　芝　田　秀　幹

《参考文献》

コスタ（野尻武敏監訳）『現代の社会主義』新評論　1978年

アーベントロード（山口和男訳）『ドイツ社会民主党小史』ミネルヴァ書房　1969年

ミラー（河野裕康訳）『戦後ドイツ社会民主党史』ありえす書房　1987年

マイヤー（徳永重良・佐藤忍訳）『ドイツ社会民主主義入門』ミネルヴァ書房　1987年

ゲイ（長尾克子訳）『ベルンシュタイン』木鐸社　1980年

ラスキ（笠原美子訳）『現代革命の考察』みすず書房　1950年

ラスキ（関嘉彦他）『共産主義論』社会思想社　1957年

ラスキ（山村喬）『共産党宣言小史』法政大学出版局　1976年

ベア（大島清訳）『イギリス社会主義（1・2・3・4）』岩波書店　1972年

ウラム（谷田部文吾訳）『イギリス社会主義の哲学的基礎』未来社　1968年

ルフェーヴル（武内良知訳）『マルクス主義』白水社　1962年

アンダースン（中野実訳）『西欧マルクス主義』新評論　1979年

リンゼイ（木村健康他訳）『カール・マルクス資本論』弘文堂　1972年

カー（南塚信吾訳）『一国社会主義』みすず書房　1974／77年

オブライエン（名東孝二訳）『マルクス主義を超えて』講談社　1985年

ドッブ（佐藤昇訳）『資本主義と社会主義』合同出版　1967年

マルチネ（黒田亨訳）『5つの共産主義（上・下）』岩波書店　1972年

ブルス（大津定美訳）『社会化と政治体制』新評論　1982年

ファーブル（武内良知訳）『マルクス以後のマルクス主義』白水社　1971年

デヴィド／ショーン編（吉田傑俊訳）『社会主義と民主主義』文理閣　1996年

ケルゼン（高橋悠他訳）『マルクス主義法理論の考察』木鐸社　1974年

伊藤誠『現代の社会主義』講談社　1992年

伊藤誠『現代の資本主義』講談社　1994年

桜井哲夫『社会主義の終焉』講談社　1992年

田口富久治『現代資本主義国家』御茶の水書房　1982年

田口富久治『日本社会党』新日本出版社　1964年

高橋彦博『民社党論』新日本出版社　1972年

渓内謙『現代社会主義を考える』岩波書店　1988年

柴田高好『マルクス主義政治学』三一書房　1964年

斉藤寿『社会主義憲法構造の研究』日本評論社　1986年

＜著者紹介＞

大　塚　　桂（おおつか　かつら）

1960年　神奈川県茅ケ崎市生まれ

2005年　駒沢大学法学部教授

2014年　11月30日逝去

専　攻　政治学原論・国家論

＜著　　書＞

『政治学原論序説』（勁草書房，1994年）

『フランスの社会連帯主義』（成文堂，1995年）

『デュルケーム再考』＜共著＞（恒星社厚生閣，1996年）

『政治哲学入門』（法律文化社，1997年）

『ラスキとホッブハウス』（勁草書房，1997年）

『政治学へのいざない』＜編著＞（成文堂，1998年）

『現代国家へのアプローチ』（成文堂，1998年）

『多元的国家論の展開』（法律文化社，1999年）

『多元的国家論の周辺』（信山社，2000年）

『近代日本の政治学者群像』（勁草書房，2001年）

『法学への架橋』＜編著＞（成文堂，2002年）

『明治国家の基本構造』（法律文化社，2002年）

『明治国家と岩倉具視』（信山社，2004年）

『明治維新の思想』（成文堂，2005年）

『日本の政治学』＜編著＞（法律文化社，2006年）

『ヨーロッパ政治理念の展開』（信山社，2006年）

『大東亜戦争期の政治学』（成文堂，2007年）

『日本の政治文化』（勁草書房，2008年）

『日本政治学の先駆者』（成文堂，2011年）

『リベラル・デモクラシーとソーシャル・デモクラシー』＜共著＞（未来社，2013年）

『デモクラシーの論理』（泉文堂，2014年）

『リベラリズムの論理』（泉文堂，2014年）

『福祉国家へのアプローチ』（成文堂，2014年）

＜補訂者紹介＞

芝田　秀幹（しばた　ひでき）

1970年　埼玉県生まれ

現　在　沖縄国際大学法学部教授・博士（政治学（明治大学））

専　攻　政治学・政治思想史

＜著　　書＞

『国会劇場』〈共著〉（三和書籍，2001年）

『法学への架橋』〈共著〉（成文堂，2002年）

『現代法学〔第2版〕』〈共著〉（法律文化社，2002年）

『教養の思想』〈共著〉（社会思想社，2002年）

『政治思想とデモクラシーの検証』〈共著〉（東信堂，2002年）

『現代政治の理論と諸相』〈共著〉（三和書籍，2002年）

『教養の政治学・経済学』〈共著〉（学術図書出版社，2005年）

『小泉内閣検証』〈共著〉（三和書籍，2005年）

『イギリス理想主義の政治理論－バーナード・ボザンケの政治思想』（芦書房，2006年）

『新版・現代政治の理論と諸相』〈共著〉（三和書籍，2006年）

『イギリス哲学・思想事典』〈共著〉（研究社，2007年）

『小泉劇場千秋楽・発言力　4』〈共著〉（三和書籍，2008年）

『うまんちゅ法律講座』〈編著〉（東洋企画，2010年）

『現代政治過程』〈共著〉（三和書籍，2011年）

『ボザンケと現代政治理論－多元的国家論，新自由主義，コミュニタリアニズム』（芦書房，2013年）

『イギリス理想主義の展開と河合栄治郎』〈共著〉（世界思想社，2013年）。

『河合栄治郎「学生に与う」現代の学生はどう読んだか』〈編著〉（桜美林大学北東アジア総合研究所，2016年）

（検印省略）

ソーシャリズムの論理

2016年12月1日　　初版第1刷発行

著　　者	大塚　　桂
補 訂 者	芝田　秀幹
発 行 者	大坪　克行
発 行 所	株式会社 泉 文 堂

〒161-0033　東京都新宿区下落合1-2-16
電話 03(3951)9610　FAX 03(3951)6830

印 刷 所	税経印刷株式会社
製 本 所	株式会社 三森製本所

© Katsura Otsuka　2016　　　　　Printed in Japan

ISBN 978-4-7930-0458-2　C3032